零起点学成本会计

周龙腾 编著

中国宇航出版社
·北京·

图书在版编目（CIP）数据

零起点学成本会计／周龙腾编著．--北京：中国宇航出版社，2014．3

ISBN 978－7－5159－0627－0

Ⅰ．①零…　Ⅱ．①周…　Ⅲ．①成本会计　Ⅳ．①F234．2

中国版本图书馆 CIP 数据核字（2014）第 017646 号

策划编辑　董　琳　　封面设计　文道思
责任编辑　董　琳　陈晓敏　　责任校对　许　磊

出版发行　中国宇航出版社
社　址　北京市阜成路 8 号　　邮　编　100830
（010）68768548
网　址　www.caphbook.com
经　销　新华书店
发行部　（010）68371900　　（010）88530478（传真）
（010）68768541　　（010）68767294（传真）
零售店　读者服务部　　北京宇航文苑
（010）68371105　　（010）62529336
承　印　北京嘉恒彩色印刷有限公司
版　次　2014 年 3 月第 1 版　　2014 年 3 月第 1 次印刷
规　格　880×1230　　开　本　1/32
印　张　4　　字　数　108 千字
书　号　ISBN 978－7－5159－0627－0
定　价　15.00 元

前言

当前，随着市场经济的迅速发展，企业增长方式由粗放型逐步向集约型转变，在这样的形势下，如何提高经济效益已经成为企业的一项重要而紧迫的任务，在这个过程中成本会计应运而生，并逐渐成为会计学及其相关专业的主干课程，也是企业会计核算的重要组成部分。

由于成本会计理论性强、体系复杂、公式繁多，初学者学起来有一定难度，为此，本书用通俗易懂的语言，阐述了成本会计的相关基础知识、基本原理和方法，将繁琐的成本会计内容直观地展现在读者面前，让您在阅读时更加轻松、愉快和高效。本书具有以下几个方面的特点：

内容全面，通俗易懂

本书涵盖了成本会计的全部知识，并就成本会计的相关事项，也就是成本会计能做什么、需要做什么进行了系统的阐述，便于读者对成本会计有深入细致的了解。

结合案例，随学随练

本书尽可能提供相关的案例讲解，便于读者有针对性地学习，加深对知识的理解。

体系设计合理，形式活泼

本书针对成本会计人员的实际工作，由浅入深地展开内容介绍，旨在培养职业技能及适应职能变化的能力，同时本书加入相关案例、快记要点、小提示等内容，使得在形式上更活泼，将读者从繁杂的图表、公式中解脱出来，使学习的过程变得轻松。

本书的特点是图文并茂、通俗易懂，相信读者通过本书的学习，能对成本会计工作有清晰地认识和了解。理论指导实践，实践丰富理论，结合工作实际去思考、去体会，对相关知识的掌握会更加牢固及融会贯通。

作者在本书的编写过程中已经殚精竭虑，但由于水平有限，时间紧迫，难免存在不当之处，希望大家谅解，我们衷心地期待广大读者对本书提出宝贵的意见。

最后，对一贯支持我们的广大读者朋友和对本书的出版付出努力的朋友表示感谢！

作者
2014 年 3 月

目录

第一章　成本会计揭秘

第二章　成本核算入门

第三章　费用的分配和归集

第四章　产品成本的核算方法

第五章　产品成本控制分析

第六章　成本会计有技巧

成本会计揭秘

成本会计是会计各个岗位中最灵活的，成本会计需要在坚持会计核算原则的前提下，根据企业业务、系统和经验去规范业务操作，灵活处理异常业务。会计人员最困惑的事就是成本核算，如何做好成本核算？学会成本核算需要多久？如何能轻松自如地做好成本会计呢？带着这些问题，让我们一起去揭开成本会计的面纱。

在这一章，你将会知道

◇ 什么是成本？

◇ 成本会计有哪些职能？

◇ 成本会计都做什么？

什么是成本？

成本是商品经济的价值范畴，是商品价值的组成部分。人们要进行生产经营活动或达到一定目的，就必须耗费一定的资源（人力、物力和财力），其所费资源的货币表现及其对象化称之为成本。

经济管理工作中，计算成本具有十分重要的作用。

一、成本是补偿生产耗费的“尺子”

比如，我们开一家面馆，在取得销售收入后，必须把店面费、买面的钱、电费、人工费等相当于成本的数额划分出来，用以补偿生产经营中的资金耗费。这样，成本就是一种补偿，用来补偿生产耗费。成本也是划分生产经营耗费和企业纯收入的依据，在一定的销售收入中，成本越低，企业纯收入就越多。可见，成本是一种尺度。

二、知道成本才能制定产品价格

市场上的价格战，像麦当劳和肯德基、海尔和海信，这些企业的产品功能差不多，品牌定位也差不多，消费者往往根据价格来进行选择。其实，产品的定价是一项复杂的工作，应考虑的因素很多，比如国家的价格政策及其他经济政策、各种产品的比价关系、产品在市场上的供求关系及市场竞争的态势等。但是这些都离不开一个前提，就是价格要高于产品成本。产品成本是制定产品价格的一项重要因素。

一件产品，你直接说它有多大价值是不太能说服人的，因为人们还不能直接计算产品的价值，而只能计算成本，通过成本间接地、相对地掌握产品的价值。因此，成本就成了制定产品价格的重要因素。

三、成本反映企业工作质量

成本是个非常量化的指标，企业在经营管理中各方面工作的业绩，都可以直接或间接地在成本上反映出来。比如，产品设计的好坏、生产工艺的合理程度、固定资产的利用情况、原材料消耗节约与浪费、劳动生产率的高低、产品质量的高低、产品产量的增减，以及供、产、销各环节的工作是否衔接协调等，都可以通过成本直接或间接地反映出来。

既然成本反映工作质量，我们就可以通过对成本进行计划、控制、监督、考核和分析等来促使企业以及企业内各单位加强经济核算，努力改进管理，降低成本，提高经济效益。

四、成本是企业进行决策的重要依据

企业的发展归根到底是为了盈利。提高经济效益和提高市场竞争力是企业的发展目标。那么要实现这个目标，企业首先就要有正确高效的决策。但决策不是凭空而来的，进行生产经营决策，需要考虑的因素很多，成本是其中应考虑的主要因素之一。在价格等因素一定的前提下，成本的高低直接影响着企业盈利的多少，较低的成本，可以使企业在市场竞争中处于有利地位。

总之，成本作为一个价值范畴，在市场经济中是客观存在的。加强成本管理，努力降低成本，无论对提高企业经济效益，还是对提高整个国民经济的宏观经济效益，都是极为重要的。

链 接

有一个关于商品价值的著名公式：$W = c + v + m$。

可见，产品的价值由三个部分组成：

(1)已耗费的生产资料转移的价值(c)；

(2)劳动者为自己劳动所创造的价值(v);

(3)劳动者为社会劳动所创造的价值(m)。

从理论上讲，上述的前两个部分，即c+v，是商品价值中的补偿部分，它构成商品的理论成本。

我们来看看这个公式的具体含义：

如果我们从这个产品价值中减去剩余价值m，那在商品中剩下的，只是一个在生产要素上耗费的资本价值c+v的等价物或补偿价值。

这是补偿商品使资本家自身耗费的东西，通俗点说，就是生产资料本身的价值和劳动者获得的价值。所以对资本家来说，这就是商品的成本价格。

马克思认为，在市场经济中，企业作为自主经营、自负盈亏的商品生产者和经营者，其基本的经营目标就是向社会提供商品，满足社会的一定需要，同时要以产品的销售收入抵偿自己在商品的生产经营中所支出的各种劳动耗费，并取得盈利。

所以，他对成本的经济实质概括为：生产经营过程中所耗费的生产资料转移的价值和劳动者为自己劳动所创造的价值的货币表现，也就是企业在生产经营中所耗费的资金的总和。

这是在经济学上的理论含义，但是在我们实际会计工作中讲到的成本，却是和这个含义有差别的。

首先，在实际工作中，成本的开支范围是由国家通过有关法规制度来加以界定的。

为了促使企业加强经济核算，减少生产损失，国家通过法律法规规定了成本的范畴，这就与理论成本存在一定的差别。

比如，财产保险费，这是劳动者为社会劳动所创造的价值；再比如，工业企业的废品损失、季节性和修理期间的停工损失等，这些不形成产品价值，属于损失性支出。

这些费用如果不计入成本，对于企业减少生产损失是不利的。因此，在会计实际操作中，我们也将其计入了成本。

当然，对于成本实际开支范围与成本经济实质的背离，必须加以严格限制，否则，成本的计算就失去了理论依据。

其次，在实际工作中，计算产品的全部成本，需要将其按一定的标准分类，部分计入产品成本，部分计入期间费用，如何分类则取决于成本核算制度。

如按照我国现行企业会计制度的规定，工业企业应采用制造成本法计算产品成本，企业生产经营中所发生的全部劳动耗费就相应地分为产品制造(生产)成本和期间费用两大部分。

在这里，产品的制造成本是指为制造产品而发生的各种费用总和，包括原材料费用、生产工人工资及福利费用和全部制造费用。

期间费用则包括管理费用、销售费用和财务费用，在制造成本法下，这些费用不计入产品成本，而是直接计入当期损益。

最后，在实际工作中，为了加强企业的成本管理和正确地进行决策，涉及和应用的成本概念是多种多样的，其内涵有的已经超出了商品产品成本的范围，如可控成本、不可控成本、机会成本等。

成本会计有哪些职能？

成本会计的职能，是指成本会计作为一种管理经济的活动，在生产经营过程中所能发挥的作用。由于现代成本会计与管理紧密结合，因此，它实际上包括了成本管理的各个环节。成本会计的职能，是随着社会经济发展和管理水平的提高而不断扩大的。那么成本会计到底有哪些职能呢？

一、核算职能

从成本会计发展的历史来考察，它的最初也是最基本的职能就是核算。即对企业生产经营过程中发生的一切耗费，运用专门的会计方法进行计量、记录、归集、分配、汇总，计算出各成本对象的总成本和单位成本。这项职能就是进行实际成本的计算，把生产经营过程的实际消耗如实地反映出来，达到积聚成本的目的，并用积累的成本资料反映企业的实际生产耗费和补偿价值的情况，从而判断企业经营效果的好坏。

二、计划与预算职能

成本计划是成本会计的一个重要组成部分。它以货币形式预先规定企业计划期内产品生产消耗和各种产品的成本水平。编制成本计划一般是从预测、决策确定目标成本水平开始，经过设计过程，将目标成本落实到设计方案中，最后根据设计方案计算出产品定额成本，作为编制成本计划的依据。如果是老产品，一般在上年成本计划执行的基础上考虑计划年度的各种因素加以调整确定。

产品成本计划的内容主要包括：全部产品的成本计划；主要产品单位成本计划和生产费用预算。有了上述的计划和预算，企业就可以按计划和预算的目标对本期发生的生产费用和产品成本进行控制，这也是成本会计的一个重要职能。

三、控制职能

成本控制是指对影响成本的各种因素加以管理，它贯穿于产品生产、销售的整个经营过程中，包括目标成本、设计成本的确定，生产成本、销售成本的实际发生。通过对企业成本的控制使产品成本按照人们事先测算确定的成本水平进行，从而可以防止与克服生产过程中损失和浪费现象的产生，使企业资源即人力、物力、财力得到合理利用。成本控制的主要内容，包括投产前的成本控制和投产后的成本控制两大部分。投产前成本控制主要是对目标成本进行控制，包括目标成本实行自身的控制和利用目标成本去控制设计成本和试制成本。投产后的成本控制，主要是对生产成本控制和销售成本控制，从而达到节约生产经营消耗、降低成本、提高经济效益的目的。

四、分析、评价职能

成本会计的另一个重要职能是成本分析和评价，成本会计不仅要按时编制既积极又切实的成本计划，而且要组织和监督成本计划的执行，同时还要反映、检查和评价成本计划的完成情况。成本分析是利用成本核算资料，结合有关计划、定额、预算和技术资料，应用一定的方法对影响成本升降的各种因素进行科学的分析、比较，以便了解成本变动情况，系统地研究成本变动的因素和原因。通过成本分析，可以深入了解成本变动的规律，寻求降低成本的途径，为企业领导和管理人员进行决策提供依据，并用以评价和考核各责任单位的绩效。

要充分发挥成本会计在现代企业管理中的重要作用，必须要充分利用其各种职能。因此，需要了解各种职能间的相互联系。它们的关系是：成本核算(反映)是成本会计中最基本的职能，离开了成本核算，就不存在成本会计，更谈不上其他职能的发挥，成本核算是对决策目标是否实现的最后检验。成本决策是成本预测的结果，成本预测是成本决策的前提，成本计划是成本决策所确定目标的具体化。成本控制则是对成本计划的实施进行监督，以保证决策目标的实现。如果决策目标未能达到，或是决策目标如期实现，为总结经验和教训，必须通过成本分析，才能查明原因和责任，才能做出正确的判断和评价，才有利于调动各方面的积极性，进一步挖掘潜力，使经济效益提高到一个新水平。

成本会计都做什么？

一、健全原始记录

原始记录是指按照规定的格式，对企业的生产、技术经济活动的具体事实所做的最初的书面记载，是进行各项核算的前提条件，是严格控制成本费用支出的重要依据，主要包括以下内容：

(1)反映生产经营过程中消耗劳动的原始记录；

(2)反映在生产经营过程中发生的各种费用支出的原始记录；

(3)其他原始记录。

原始记录是一切核算的基础，必须要做到真实正确、内容完整、手续齐全、要素完备，以便为成本计算、控制和决策提供客观的依据。

二、健全存货的计量、验收、领退和盘点制度

为了保证入库材料的数量与质量，必须搞好计量和验收工作；为了保证领、退的材料准确无误，要及时办好领料和退料的凭证手续；同时为了避免账面不符的情况，还要对材料进行定期或不定期的清查盘点，进行账面调整，保证库存材料的真实性。

三、定额管理制度

定额是指企业在一定的生产技术和设备条件下，对生产经营过程中人力、物力、财力的配备、利用和消耗等规定的消耗标准。定额管理制度是以定额为依据，制订生产计划、组织生产、实施控制的一种科学管理制度。

在成本会计中，企业应制定的定额主要有：

(1)物资消耗定额：如单位产品原材料消耗定额、各种辅助材

料消耗定额。

(2)劳动消耗定额：如单位产品工时消耗定额、机台设备定员、科室管理人员配备定额等。

(3)动力消耗定额：如单位产品或生产车间耗用水、电、汽、油等的定额，非生产用动力消耗定额。

(4)费用定额：如车间科室的办公费用、差旅费用、劳动保护费用、职工培训费用及其他有关费用定额等，机器设备停工检修定额、废品率定额等。

小案例

某企业生产甲、乙两种产品，共耗用原材料 6 000 千克，每千克 1.44 元，共计 8 640 元。生产甲产品 1 200 件，单件甲产品原材料消耗定额为 3 千克；生产乙产品 800 件，单件乙产品原材料消耗定额为 1.5 千克。原材料费用分配计算如下：

甲产品原材料定额消耗量 $=1\ 200\times3=3\ 600$(千克)；

乙产品原材料定额消耗量 $=800\times1.5=1\ 200$(千克)；

原材料消耗量分配率 $=6\ 000\div(3\ 600+1\ 200)=1.25$。

甲产品应分配原材料数量 $=3\ 600\times1.25=4\ 500$(千克)；

乙产品应分配原材料数量 $=1\ 200\times1.25=1\ 500$(千克)；

甲产品应分配原材料费用 $=4\ 500\times1.44=6\ 480$(元)；

乙产品应分配原材料费用 $=1\ 500\times1.44=2\ 160$(元)。

由此可以看出，定额的制定和修订，对于正确核算企业成本非常重要。因此，为了加强生产管理和成本管理，企业必须建立和健全定额管理制度。凡是能够制定消耗定额的，都应该制定先进、合理、切实可行的消耗定额，并随着生产的发展、技术的进步、劳动生产率的提高，不断修订消耗定额，以充分发挥其应有的作用。

四、建立适合企业内部的结算价格

在生产经营过程中，企业内部各单位之间会相互提供半成品、材料、劳务等，为了分清企业内部各单位的经济责任，明确各单位工作业绩及总体评价与考核的需要，应制定企业内部结算价格。

制定结算价格的主要依据有：

(1)内部转移的材料等应以当时的市场价格作为内部结算价格；

(2)材料、劳务等也可以进行双方协商定价作为内部的结算价格；

(3)企业生产的零部件、半成品等在内部转移时，可以用标准成本或计划成本结算；

(4)在原有成本的基础上，加上一些合理的利润作为内部的价格。

五、颁布科学、完善的规章制度

主要包括计量验收制度、岗位责任制度、考勤制度、质量检查制度、物资盘存制度、费用开支规定及其他各种成本管理制度。

快记要点

原始记录很重要，定额管理不能少。

收发计存有制度，内部结算定考核。

成本核算入门

尽管成本会计是一门注重实际操作能力的学科，但它有着完备的理论基础，掌握好成本会计学科的基础理论，对于我们准确灵活地运用成本会计起着重要的作用。本章重点介绍成本会计的一些基础知识。

在这一章，你将会知道

◇ 如何做好成本核算？

◇ 如何对费用进行分类？

◇ 成本的基本科目。

◇ 成本核算的一般程序。

如何做好成本核算？

成本会计也如人体一样，是个复杂的运行系统。在这个复杂的系统中，我们首先要制定一定的标准，并在各个环节做一些记录，这样才能构建成本会计的基础架构以支持整个系统。

由于成本核算涉及到生产经营活动的方方面面，与一般财务会计有所不同。在实施成本会计工作之前，为了充分发挥成本核算的作用，需要满足以下要求。

一、目标是管理

成本会计是一种管理会计。

成本会计是为了更好的进行管理，所提供的成本信息应当满足企业经营管理和决策的需要。就是所谓的算管结合，算为管用。

因此，成本核算不仅要对各项费用支出进行事后的核算，即我们发生成本之后，核算事后的成本信息。而且必须以国家有关的法规、制度，企业成本计划和相应的消耗定额为依据，加强对各项费用支出的事前、事中的审核和控制，并及时进行信息反馈。

并且，对于成本的使用，一定要合法、合理，有利于发展生产、提高经济效益，否则就要坚决加以抵制。确实无法制止的，要追究责任，采取措施，防止以后再次发生。对于各项费用的发生情况，以及费用脱离定额(或计划)的差异进行日常的计算和分析，及时向管理层反馈信息。对于定额或计划不符合实际情况的，要按规定程序予以修订。

二、界限要分明

企业发生的各种费用五花八门，非常复杂。为了正确进行成本核算，就需要从以下五个方面划分费用界限，避免“张冠李戴”。

1. 产品成本和期间费用的界限

多计成本，会减少企业利润和国家财政收入；少计成本，则会虚增利润，使企业成本得不到应有的补偿，从而影响企业生产经营活动的顺利进行。

工业企业的经济活动是多方面的，其支出的用途不尽相同。而不同用途的支出，其列支的项目也应该不同。

企业应按照国家有关成本开支范围的规定，正确地核算产品成本和期间费用。凡不属于企业日常生产经营方面的支出，均不得计入产品成本或期间费用，即不得乱记成本；凡属于企业日常生产经营方面的支出，均应全部计入产品成本或期间费用，不得遗漏。

用于产品生产和销售、组织和管理生产经营活动，以及为筹集生产经营资金所发生的各种支出，即企业日常生产经营管理活动中的各种耗费，应计入产品成本或期间费用。

2. 生产费用与期间费用的界限

企业经常发生以下错误做法：混淆产品生产费用与期间费用的界限，借以调节各月产品成本和各月损益。

工业企业日常生产经营中所发生的各项耗费，其用途和计入损益的时间是有所不同的。用于产品生产的费用形成产品成本，并在产品销售后作为产品销售成本计入企业损益；由于当月投产的产品不一定当月产成，当月产成的产品也不一定当月销售，因而当月的生产费用往往不是计入当月损益的产品销售成本。而本月发生的销售费用、管理费用和财务费用，则是作为期间费用，直接计入当月损益。

因此，为了正确计算产品成本和期间费用以及企业各月份的损益，必须正确地划分产品生产费用和各项期间费用的界限。

3. 各月份的费用界限

费用的界限是按照月份来划分的，本月发生的费用，都应在本月全部入账，不能将其一部分延至下月入账。

正确划分各月份的费用界限，是保证成本核算正确的重要环节。

4. 各种产品的费用界限

我们为了正确地计算各种产品的成本，正确地分析和考核各种产品成本计划或定额成本的执行情况，必须将应计入本月产品成本的生产费用在各种产品之间正确地进行划分。

凡属于某种产品单独发生，能够直接计入该种产品的费用，均应直接计入该种产品成本；凡属于几种产品共同发生，不能直接计入某种产品的费用，则应采用适当的分配方法，分配计入这几种产品的成本。

应该防止在盈利产品与亏损产品之间、可比产品与不可比产品之间任意转移生产费用，借以掩盖成本超支或以盈补亏的错误做法。

5. 完工产品与在产品的费用界限

在月末计算产品成本时，如果某种产品已全部完工，那么，这种产品的各项生产费用之和就是这种产品的完工产品成本。

如果某种产品均未完工，那么，这种产品的各项生产费用之和，就是这种产品的月末在产品成本。

如果某种产品既有完工产品，又有在产品，则应将这种产品的各项生产费用，采用适当的分配方法在完工产品与月末在产品之间进行分配，分别计算完工产品成本和月末在产品成本。这种分配方法，我们将在以后的章节中进行学习。

三、合理计价及结转

企业拥有的财产物资，绝大部分是生产资料，它们的价值会随着生产经营过程中的耗用，转移到产品成本和期间费用。因此选择不同的财产物资的计价和价值结转方法，对企业的成本和费用也会产生较大的影响。企业财产物资计价和价值结转方法主要包括：

（1）固定资产原值的计算方法、折旧方法、折旧率的种类和高低；

（2）固定资产修理费用是否采用待摊或预提方法以及摊提期限的长短；

（3）固定资产与低值易耗品的划分标准；

（4）材料成本的组成内容、材料按实际成本进行核算时发出材料单位成本的计算方法、材料按计划成本进行核算时材料成本差异率的种类、采用分类差异率时材料类距的大小等；

（5）低值易耗品和包装物价值的摊销方法、摊销率的高低及摊销期限的长短等。

为了正确地计算成本，国家有统一规定的，应采用国家统一规定的方法，国家没有统一规定的，应采用既合理又简便的方法。各种方法一经确定，应保持相对稳定，不能随意改变。

如何对费用进行分类？

费用分类是指为了科学地进行成本管理，正确地计算产品成本和期间费用，根据成本管理与核算的要求，按一定的标准，对种类繁多的费用所进行的划分。由于企业在管理上、核算上要求不同，成本可按不同的标准划分为不同种类。

小故事

小王是一个拥有不错收入的上班族，梦想着开家蛋糕店，每天都能闻到奶油的香甜气息。但是，开店就要花钱。想象一下，每月都要交的如房租、电费、水费等；还有每天都要耗费的蛋糕原料，如奶油、奶酪、鸡蛋、面粉等；还有销售蛋糕所需，如漂亮的包装袋、随赠的蜡烛等，这些都是费用。

费用的分类是非常复杂的，特别是在工业企业生产经营过程中，有多种多样的耗费。为了科学地进行成本管理，正确计算产品成本和期间费用，就需要对种类繁多的费用进行合理分类。

一、按经济内容分类

生产费用按照经济内容划分，可分为劳动对象消耗的费用、劳动手段消耗的费用和活劳动中必要劳动消耗的费用。

为了具体反映各种费用的构成和水平，还应在此基础上，将其进一步划分为以下九个费用要素。所谓费用要素，就是费用按经济内容的分类。

1. 外购材料

指企业为进行生产经营而耗用的一切从外单位购进的原料及主

要材料、半成品、辅助材料、包装物、修理用备件和低值易耗品等。

2. 外购燃料

指企业为进行生产而耗用的一切从外部购进的各种燃料，包括固体燃料、液体燃料和气体燃料。

3. 外购动力

指企业为进行生产而耗用的一切从外部购进的各种动力，包括电力、热力和蒸汽等。

4. 工资

指企业所有应计入生产费用的职工工资。

5. 提取的职工福利费

指企业按职工工资的一定比例计提，并计入费用的职工福利费。

6. 折旧费

指企业按照规定对固定资产计提，并计入费用项目的折旧费。

7. 利息支出

指企业计入期间费用等的借入款项利息净支出(即利息支出减利息收入后的净额)。

8. 税金

指计入企业管理费用的各种税金，如印花税、土地使用税、房产税和车船使用税等。

9. 其他支出

指不属于以上各项要素的费用支出，如邮电费、差旅费、租赁费、外部加工费和保险费等。

按照以上费用要素反映的费用，称为要素费用，将费用划分为若干要素分类核算可以反映企业一定时期内在生产经营中发生了哪些费用，数额各是多少。这种分类反映了企业在生产经营中外购材料和燃料费用以及职工工资的实际支出，可以为企业核定储备资金定额、考核储备资金的周转速度及编制材料采购资金计划和劳动工资计划提供资料。但是，这种分类不能说明各项费用的用途，不便于分析各种费用的支出是否节约、合理。

二、按经济用途分类

在工业企业生产经营中，费用可以分为计入产品成本的生产费用和直接计入当期损益的期间费用两类。

1. 生产费用

计入产品成本的生产费用，在产品生产过程中的用途也不尽相同。有的直接用于产品生产，有的间接用于产品生产。因此，为具体反映计入产品成本的生产费用的各种用途，准确提供产品成本构成情况的资料，还应将其进一步划分为若干个项目，即产品生产成本项目。产品生产成本项目，简称产品成本项目或成本项目，就是生产费用按其经济用途分类核算的项目。工业企业一般应设置以下几个成本项目。

① 原材料，指直接用于产品生产并构成产品实体或主要成分的原料、主要材料与外购半成品，以及有助于产品形成的辅助材料。

② 燃料及动力，也称直接燃料及动力，指直接用于产品生产的各种燃料和动力费用。

③ 生产工资及福利费，指直接参加制造产品的生产工人的工资以及按规定比例计提的职工福利费用。

④ 废品损失，指企业在生产过程中产生了废品造成的损失。在废品较多，或者废品损失在产品成本中所占的比重较大，需要单独加以核算的企业，可以设此项目组织核算。

⑤ 停工损失，是指企业因材料供应不足、电力中断、机器大修理、计划减产，或非常灾害等引起的停工所造成的损失。在有停工损失的企业设“停工损失”项目进行核算，停工损失的费用一般都应计入产品成本。

⑥ 制造费用，指企业为生产产品和提供劳务而发生的各项间接费用。包括车间管理人员的工资和福利费、折旧费、修理费、办公费、水电费、机物料消耗费用和劳动保护费用等。

2. 期间费用

工业企业的期间费用按照经济用途可分为销售费用、管理费用和财务费用。

① 销售费用，是指企业在产品销售过程中发生的费用，以及为销售本企业产品而专设的销售机构的各项经费。包括运输费、装卸费、包装费、保险费、展览费和广告费，以及为销售本企业商品而专设的销售机构（含销售网点、售后服务网点等）的职工工资及福利费、类似工资性质的费用、业务费等经营费用。

② 管理费用，是指企业为组织和管理企业生产经营所发生的各项费用。包括企业的董事会和行政管理部门在企业的经营管理中发生的，或者应由企业统一负担的经费（包括行政管理部门职工工资、修理费、机物料消耗、低值易耗品摊销、办公费和差旅费等）、工会经费、待业保险费、劳动保险费、董事会费（包括董事会成员津贴、会议费和差旅费等）、聘请中介机构费、咨询费（含顾问费）、诉讼费、业务招待费、房产税、车船使用税、土地使用税、印花税、技术转让费、矿产资源补偿费、无形资产摊销、职工教育经费、研究与开发费、排污费、存货盘亏或盘盈（不包括应计入营业外支出的存货损失）、计提的坏账准备和存货跌价准备等。

③ 财务费用，是指企业为筹集生产经营所需资金而发生的各项费用。包括利息支出（减利息收入）、汇兑损失（减汇兑收益）以及相关的手续费等。

需要指出的是，以上按经济用途划分的各个成本项目也不是固定不变的，应根据企业的生产特点和成本管理要求来决定。

在制造成本法下，产品成本项目可分为三个，即直接材料、直接人工、制造费用。这种分类方法按费用用途划分，能够明确地反映直接用于产品生产上的材料费是多少，直接用于产品生产上的工人工资是多少，耗用于组织与管理生产上的各项支出是多少，这对于了解企业计划、定额、预算等执行情况，控制成本费用支出，加强成本管理和成本分析等都有着重要的作用。

但由于缺乏标准与之比对，不便于分析生产费用支出是否合理和节约。

此外，费用还有按与生产工艺的关系分类、按计入产品成本的方法分类等其他的分类方法。用图表示费用的分类为：

成本的基本科目

会计科目是成本核算的重要组成部分，尤其是在核算后期，这些明细账的记录是第一手的数据，为了更清晰地记录这些数据以便进行成本核算，企业应对成本做合理的会计科目设置，一般地，企业应设置“基本生产成本”“辅助生产成本”“制造费用”“销售费用”“管理费用”“财务费用”等基本科目。

一、基本生产成本

“基本生产成本”的账户性质为成本类账户，是用于计算和核算产品成本的主要账户。

其借方登记成本费用的增加数，即用于归集和分配生产费用；贷方登记完工入库的产品成本。

余额在借方，表示在产品成本。该账户可以按成本核算的对象设置明细账进行明细分类核算。

“基本生产成本”科目应按产品品种或产品批别、生产步骤等成本计算对象设置产品成本明细分类账，账内按产品成本项目分设专栏或专行。

“基本生产成本”科目采用的是多栏式明细账，如表 2 - 1 所示。

表 2-1 基本生产成本明细账

产品：

车间： 年 月 单位：

月	日	凭证字号	摘要	产量（件）	成本项目			成本合计
					直接材料	直接人工	制造费用	
			月初在产品费用					
			本月生产费用					
			生产费用合计					
			本月完工产品成本					
			完工产品单位成本					
			月末在产品费用					

在表 2-1 中，“月初在产品费用”是月初在产品成本的借方余额，而“本月生产费用”“本月完工产品成本”和“月末在产品费用”的分配，我们将在后面的章节进行学习。

当然，如果企业生产的产品品种较多，为了按照产品成本项目（或者既按车间又按成本项目）汇总反映全部产品总成本，还可以设置“基本生产成本二级账”。

“基本生产成本二级账”介于生产成本总账与基本生产成本明细账之间，是二者的核对中介。“明细账”与“二级账”的格式表面看基本相同，最大区别在于核算的产品对象不同，前者针对某一具体的产品，而后者针对某一类别的产品。

“基本生产成本二级账”的格式如表 2-2 所示。

表2－2　基本生产成本二级账

产品：　　　　　　　　　　　年　月　　　　　　　　单位：

月	日	凭证字号	摘要	产量（件）	成本项目			成本合计
					直接材料	直接人工	制造费用	
			月初在产品费用					
			本月生产费用					
			生产费用合计					
			本月完工产品成本					
			完工产品单位成本					
			月末在产品费用					

二、辅助生产成本

辅助生产是指为基本生产服务而进行的产品生产和劳务供应，如为基本生产而提供的修理、运输等服务，以及一般工具、模具和备件生产等。辅助生产所提供的产品和劳务，有时也对外销售，但这不是它的主要目的。

为了归集辅助生产所发生的各种生产费用，计算辅助生产所提供的产品和劳务的成本，应设置“辅助生产成本”科目。

该科目的借方登记进行辅助生产而发生的各种费用，贷方登记完工入库产品的成本或分配转出的劳务成本。余额在借方，表示辅助生产在产品的成本，即辅助生产在产品所占用的资金。

“辅助生产成本”科目应按辅助生产车间和生产的产品、劳务分设明细分类账，账中按辅助生产的成本项目或费用项目分设专栏或专行进行明细登记。

三、制造费用

“制造费用”科目，是为了核算企业为生产产品和提供劳务所发生的各项制造费用而设置的。

“制造费用”科目核算企业为生产产品和提供劳务而发生的各项间接费用，该科目的借方登记实际发生的制造费用，贷方登记分配转出的制造费用。除季节性生产企业外，该科目月末应无余额。

“制造费用”科目，应按车间、部门设置明细分类账，账内按费用项目设立专栏进行明细登记。

四、销售费用

销售费用科目核算企业在产品销售过程中所发生的各项费用，以及为销售本企业产品而专设的销售机构的各项经费。

该科目的借方登记实际发生的各项产品销售费用，贷方登记期末转入“本年利润”科目的产品销售费用。期末结转后，该科目应无余额。

“销售费用”科目的明细分类账，应按费用项目设置专栏，进行明细登记。

五、管理费用

“管理费用”科目核算企业行政管理部门为组织和管理生产经营活动而发生的各项管理费用。

该科目的借方登记发生的各项管理费用，贷方登记期末转入“本年利润”科目的管理费用。期末结转后，该科目应无余额。

“管理费用”科目的明细分类账，应按费用项目设置专栏，进行明细登记。

六、财务费用

为了核算企业为筹集生产经营所需资金而发生的各项费用，应设置“财务费用”科目。该科目的借方登记发生的各项财务费用；贷方登记应冲减财务费用的利息收入、汇兑收益以及期末转入“本年利润”科目的财务费用；期末结转后该科目应无余额。

“财务费用”科目的明细分类账，应按费用项目设置专栏，进行明细登记。

成本核算的一般程序

一、确定成本计算对象

确定成本对象是成本核算的前提，成本对象不明确，成本核算便无从谈起，确定成本对象需要考虑的主要因素有：

(1)企业的生产经营特点；

(2)企业的成本管理要求；

(3)进行成本核算的效益性。

二、确定成本计算期

成本计算期是企业要在多长时间里计算一次成本。是对所发生的生产费用计入相应的成本对象而规定的起止期。成本计算期的确定主要考虑企业的生产经营特点。

(1)大量大批生产企业：成本计算期和会计报告期一致，一般以月份作为成本计算期。

(2)大单件小批生产企业：成本计算期和产品的生产周期一致。不要把成本计算期与会计期间混同起来，二者可能一致，也可能不一致。

三、确定成本项目

成本项目是按经济用途和发生地点对成本进行分类所形成的类别；是对产品成本构成内容所做的细分，一般分为三个项目。

(1)直接材料；

(2)直接人工；

(3)制造费用。

确定成本项目，可以提供更为细致的成本信息，以便加强成本管理。在实际工作中，成本项目不一定为上述三个，可能更多，视管理要求而定。

快记要点

可以使用以下口诀对成本项目的确定进行记忆：
用途地点相聚汇，成本项目料工费，
实际情况特殊多，管理要求紧跟随。

四、设置成本账户

一般地，生产企业的成本类账户主要有“生产成本”和“制造费用”两个。

五、归集和分配成本

成本核算的核心环节是各项成本的归集和分配的过程，在一定意义上讲，成本核算就是成本归集和分配。

费用的分配和归集

归集和分配是成本会计的核心所在，甚至可以说，成本会计就是成本费用的归集和分配。成本费用归集和分配程序中涉及多种方法，需要认真学习、掌握。

在这一章，你将会知道

◇ 各项要素费用的核算。

◇ 辅助生产费用的核算。

◇ 制造费用的核算。

◇ 生产损失的核算。

◇ 期间费用的核算。

各项要素费用的核算

在发生各种要素费用，如材料、动力、工资等费用时，对于直接用于产品生产而专设成本项目的直接生产费用，企业应做直接计入费用处理，其他则做间接计入费用处理。

小故事

三男两女五人在酒店进餐，共花费了 3 300 元，每人各出多少钱？最简单的办法是按人头分摊，每人 660 元。A 认为这样不合理，提议按体重分摊。B 体重不足80 斤，窃喜。C 体重230 斤，坚决反对，并说：“我这人有良(粮)心，喝凉水都长肉，进食量有限，大家已经看到了。”于是 D 建议，干脆按吃饭前后体重的增加来分配。有人更是反对并指出有人一餐饭去了四次洗手间，说不定体重没增加反而降低了。E 说：“咱们每人一盅汤、一份鹅掌、一碗饭，这属于直接材料成本，由各人承担；两位女士各喝了两瓶饮料，由她们各自承担；三位男士每人喝了三小瓶二锅头，也由他们各自负担；至于菜，属于共同成本，可按每人下筷子的次数来分配。”其他各位表示同意。一人问道：“如何知道每人各夹了几次菜?”E 君答：“餐桌上方正好有一探头，请老板调出监控，统计一下即可。”其他诸位无言以对。

由此我们可以看出，成本核算的难点所在，同该故事一样，是如何合理分配共同成本。分配基础多种多样，关键是一定要合理。

一、材料的分类

成本会计致力于“合理公平”地分配成本。

在工业生产中，材料分很多种，有原料及主要材料、半成品、辅助材料、包装物、修理用备件、低值易耗品等，这些材料有的是在外购买的，有的是自己制造的。面对这些纷繁复杂的材料费用，我们要将它们分配到产品或者期间费用中去。

材料费用是指企业在生产产品或提供劳务的过程中所消耗的直接用于产品生产并构成产品实体的原料、主要材料、外购半成品及有助于产品形成的辅助材料等。

工业企业的材料品种繁多，规格复杂，收发频繁，为了便于管理与核算、相对准确地计算产品成本，必须对材料进行科学的分类。

材料按其在生产经营过程中的作用不同，可分为以下几类。

1. 原料及主要材料

指经过生产加工后构成产品实体或主要成分的各种原料和材料。

如在加工企业中，炼铁用的铁矿石，纺纱用的原棉，炼油用的原油，制造机器用的钢材等；在化学工业中，经过化学变化后形成产品主要成分的各种原料和材料，如氯碱工业生产烧碱用的食盐，化肥工业生产合成氨用的煤、焦炭等。企业如有外购半成品，作为进一步加工用的，就其性质看与原材料一样，也是用来加工生产以构成产品实体或主要成分的劳动对象，因而也可列入本类。

2. 辅助材料

辅助材料指直接用于生产过程，有助于产品的形成或为产品生产创造正常劳动条件，但不构成产品主要实体的各种材料，如漂染用的漂白剂、染料，防腐用的油漆，化学反应中用的各种触媒、催化剂，维护机器用的润滑油、防锈剂，清洁用的扫帚、抹布，照明用的电灯泡等。

3. 包装物

包装物指为包装本企业产品，并准备随同产品一起出售的，或者在销售过程中租借给购货单位使用的各种包装用的物品，如桶、箱、坛、袋、瓶等。

4. 低值易耗品

低值易耗品指单位价值较低，容易耗损的各种工具、管理用具、玻璃器皿以及劳保用品等。从性质上看，低值易耗品并不是劳动对象，而是劳动资料，但由于它不具备固定资产的条件，因而把它列为材料的一类。

需要注意的是，同一种材料在不同的企业中，有可能划分在不同的类别中，当然也存在一种材料兼有多种用途，这时应按其主要用途进行分类。

二、材料的计价方法

划分材料的类别之后，材料计价也是一个重要的工作，为了反映和监督材料物资的增减变动情况，原则上，最终必须按实际成本对材料进行计价。

但就每一种材料来说，在日常核算中，可以采用实际成本计价，也可以采用计划成本计价。

1. 按实际成本计价

是指每一种材料的收发结存量，都按其在采购或委托加工、自制过程中所发生的实际成本进行计价。优点是：可以比较准确地核算产品成本中的材料费用和材料资金的实际占用额。缺点是：会使材料日常收发的核算工作量增大，从而影响核算的及时性。因此，这种计价方法通常适用于材料品种较少、收发料次数不多的企业。

按实际成本进行日常核算，在计算产品成本时，首先遇到的一个问题就是生产部门使用的这些材料，其成本如何确定。例如，仓库中某种材料是由三次进货形成的，当月，2 日购进的采购成本为 10 元，8 日购进的采购成本为 9 元，10 日购进的采购成本为 8 元。现在生产车间领用其中的一部分材料进行产品生产，试问这部分材料的成本是多少？如何确定？特别是当企业材料的种类、规格、型号众多，进出频繁时，该问题会更加突出。对此可以采用以下方法。

(1)先进先出法：假定先购进的材料先发出，发出材料的成本按最先购进的那批材料单价计算，如果发出材料的批量超过最先购进的批量，超过的部分依次按下一批购进的单价计算。

(2)加权平均法：以当月全部材料进货数量加月初材料存货数量为权数，计算出平均单价，进而计算出期末结存材料存货和发出材料存货成本的方法。

$$材料平均单价=\frac{期初材料存货成本+本期材料购货成本}{期初材料存货数量+本期购进材料数量}$$

本期发出材料成本 = 材料平均单价 × 本期发出材料数量

期末库存材料成本 = 材料平均单价 × 期末库存材料数量 = 期初材料成本 + 本期材料购货成本 − 本期发生材料存货成本

(3)移动加权平均法：以本批购货数量加账面结存数量为权数，计算出材料平均单价，用于发出材料计价的方法，每购进一批材料，就计算一次材料平均单价。公式为：

$$材料平均单价=\frac{期初材料存货成本+本期材料购货成本}{期初材料存货数量+本期材料购货数量}$$

(4)个别计价法：假设材料成本流转与实物流转一致，发出材料根据该材料购入时的实际单位成本为计价依据。

需要注意的是：对于性质和用途相似的材料，采用相同的成本计算方法确定发出材料的成本。对于不能替代使用的材料、为特定项目专门购入或制造的材料，采用个别计价法确定发出材料的成本。

2. 按计划成本计价

这种方法是指每一种材料的收发结存量，都按预先确定的计划成本计价。至于计划成本与实际成本之间的差额(即材料成本差异额)，则另行按各类材料或全部材料综合核算，以便和计划成本重新结合，求得材料收发结存的实际成本。具体有两种确定方法：一是逐笔结转计划成本与实际成本的差额，二是一次性在月末结转全部的差额。

确定材料成本差异率之后，以其乘以发出材料的计划成本，便可计算出发出材料应负担的材料成本差异，即：

发出材料应负担的成本差异＝发出材料的计划成本×材料成本差异率

发出材料应负担的超支差异：

借：生产成本

　　制造费用

　　贷：原材料

发出材料应负担的是节约差异：

借：原材料

　　贷：生产成本

　　　　制造费用

优点是：可以简化材料日常收发核算的工作量。

缺点是：计算出来的产品成本中的材料费用和各类材料资金的实际占用额不完全相等，因此，这种计价方法通常适用于材料实际成本变动不大、品种多、收发料频繁的企业。

小案例

甲公司月初结存材料的计划成本为250 000元，本月购入材料的计划成本为550 000元，本月发出材料的计划成本为560 000，月初材料的成本差异额为3 500元，本月购入的成本差异额为4 500元。

材料成本差异率＝(3 500＋4 500)÷(250 000＋550 000)×100%＝1%；

发出材料应负担的材料成本差异额＝560 000×1%＝5 600(元)；

发出材料的实际成本 = 560 000 + 5 600 = 565 600(元)。

三、材料费用的分配

材料费用的分配是工业企业成本核算的基础，在产品成本中一般占有较大的比重。

在对生产产品耗用的材料进行归集和分配时，应遵循的原则有以下几点：

(1)凡属于某种产品或某种劳务耗用的直接材料费用，应直接计入“生产成本——基本生产成本——某产品(或劳务)”科目，或计入“生产成本——辅助生产成本——某产品(或劳务)”账户的直接材料费用项目。关于这部分直接材料费用，可以根据领料单按产品进行归集。

(2)凡对于几种产品共同耗用的材料费用，在领用时无法确定每种产品耗用量时，只好按照一定标准在各种产品之间进行分配，然后根据分配环节和对象进行归集。

但对于车间、管理部门以及其他部门为组织和管理生产领用的材料不能视为直接材料费用，对这部分费用应按照费用的发生地点和用途加以归集和分配。

对于多种产品共同耗用材料费用的分配，其分配标准可供选择的有很多，如定额耗用量比例、生产量比例、产品的体积、产品的重量等。企业应根据耗用材料的情况选择一定的标准进行分配。

1. 定额耗用量比例分配法

是指按各种产品原材料消耗定额比例分配材料费用的一种方法。该方法一般在各项材料消耗定额比较准确的情况下采用。计算公式如下：

某产品材料定额耗用量 = 产品的实际产量 × 单位产品材料定额耗用量

材料定额耗用量分配率 = 材料实际总耗用量 ÷ 各种材料定额耗

用量之和

某产品应分配的实际材料数量=该产品材料定额耗用量×材料定额耗用量分配率

某产品应分配的材料费用=该产品应分配的实际材料数量×材料单价

小案例

某企业生产甲、乙两种产品，共同耗用原材料5 600千克，每千克1.2元，共计6 720元。生产甲产品1 000件，单件甲产品原材料消耗定额为2千克；生产乙产品800件，单件乙产品原材料消耗定额为1千克。

则我们按照步骤来算原材料费用。

(1)计算各种产品原材料定额消耗量：

甲产品的定额消耗量=1 000×2=2 000(千克)；

乙产品的定额消耗量=800×1=800(千克)。

(2)计算原材料消耗量分配率：

原材料消耗分配率=5 600÷(2 000+800)=2。

(3)计算出各种产品应分配的原材料实际消耗量：

甲产品应分配原材料数量=2 000×2=4 000(千克)；

乙产品应分配原材料数量=800×2=1 600(千克)。

(4)计算出各种产品应分配的原材料实际费用：

甲产品应分配原材料费用=4 000×1.2=4 800(元)；

乙产品应分配原材料费用=1 600×1.2=1 920(元)。

这种分配方式的好处是：可以考核原材料消耗定额的执行情况，有利于加强原材料消耗的实物管理。缺点是：分配计算的工作量较大。我们也可以采用产品重量比例分配法和材料定额成本比例分配法进行转化。

2. 产品重量(产量、体积)比例分配法

是指按照各种产品的重量(产量、体积)比例分配材料费用的一种方法。这种方法一般在产品耗用材料的多少与产品重量(产量、体积)有直接联系情况下采用。计算公式如下：

$$材料费用分配率=\frac{材料实际总耗量\times材料单价}{各种产品重量(产量、体积)之和}$$

某产品应分配的材料费用 = 该产品的重量(产量、体积) × 分配率

3. 材料定额成本比例分配法

是指按照产品材料定额成本比例分配材料费用的一种方法。该方法一般适用于几种产品共同耗用几种材料的情况。计算公式如下：

某产品材料定额成本 = 该产品实际产量 × 单位产品定额材料成本

材料定额成本分配率 = 各种产品实际材料费用总额 ÷ 各种产品材料定额成本之和

某产品应分配材料费用 = 该产品材料定额成本 × 材料定额成本分配率

小案例

某企业生产甲、乙两种产品，共同领用 A、B 两种主要材料，共计 37 620 元。本月投产甲产品 150 件，乙产品 120 件。甲产品材料消耗定额：A 材料 6 千克，B 材料 8 千克；乙产品材料消耗定额：A 材料 9 千克，B 材料 5 千克。A 材料单价 10 元，B 材料单价 8 元。计算分配如下：

(1)计算各种产品原材料定额费用。

甲产品：A 材料定额费用 = 150 × 6 × 10 = 9 000(元)；

B 材料定额费用 = 150 × 8 × 8 = 9 600(元)；

甲产品材料定额费用合计 =9 000 +9 600 =18 600(元)。

乙产品：A 材料定额费用 =120 ×9 ×10 =10 800(元)；

B 材料定额费用 =120 ×5 ×8 =4 800(元)；

乙产品材料定额费用合计 =10 800 +4 800 =15 600(元)。

(2)原材料费用分配率。

原材料费用分配率 =37 620 ÷(18 600 +15 600) =1.1。

(3)各种产品应分配的原材料实际费用。

甲产品应分配材料实际费用 =18 600 ×1.1 =20 460(元)；

乙产品应分配材料实际费用 =15 600 ×1.1 =17 160(元)。

四、外购动力费用的核算

如果没有动力，这世界会变成什么样子？2012 玛雅的预言说："人类将陷入永久的黑暗"。没有供电，夜晚再也见不到霓虹灯；没有供水，我们只能去河边和井边汲水。如此人类社会就会是永久的黑暗吧。

工业生产中，动力和燃料是生产得以顺利进行的前提，燃料和动力实际上也是材料，这些费用仍然是有些计入生产成本、有些计入制造费用。

外购动力费用是指企业为从外部购入电力、热力等动力所需支付的费用。应按照外购动力的用途，直接借记各成本、费用账户，贷记"银行存款"账户。

在有计量仪器记录的情况下，直接根据仪器所示的耗用数量和单价计算；在没有计量仪器的情况下，要按照一定的标准在各种产品之间进行分配。

企业耗用的动力用途是多方面的，按照用途不同，其费用分配计入产品成本的方法也是有差别的。

(1)工艺用动力按成本计算对象及其耗用量的比例直接分配计入产品成本。分配的方法一般是根据各种产品或各个车间耗用动力数量及耗用动力单位成本计算分配。其分配公式为：

$$耗用动力单位成本=\frac{某种动力成本月份总额}{该种动力月份耗用总量}$$

某成本计算对象应分配的动力成本=该成本计算对象耗用动力数量×耗用动力单位成本

(2)传动用动力往往列入制造费用，或并入“燃料与动力”项目进行核算。

(3)管理用动力按发生地点计入有关综合费用项目，如制造费用和企业管理费等。

总的来说，动力(以电力为例)费用分配的计算方式如下：

某车间动力用电力费用=该车间动力用电度数×电力费用分配率

某车间动力用电力费用分配率=该车间动力用电力费用/该车间各种产品生产工时之和

某产品分配动力用电力费用=该车间某产品生产工时×该车间动力用电力费用分配率

小案例

某工业企业某月耗电度数合计80 000度，金额24 000元，每度电0.3元。直接用于产品生产耗电57 000度，金额17 100元。

该企业没有分产品安装电表，规定按机器工时比例分配。甲产品机器工时为50 000小时，乙产品机器工时为30 000小时。甲、乙产品动力费用分配计算如下：

动力费用分配率=17 100÷(50 000+30 000)=0.21375；

甲产品动力费用= 50 000×0.21375=10 687.5(元)；

乙产品动力费用= 30 000×0.21375=6 412.5(元)。

外购动力费用分配是通过编制外购动力(电力)费用分配表进行分配的，如表3－1所示。

表 3－1 外购动力费用分配表

应借科目		成本或费用项目	生产工时(分配率：0.21375)	度数(分配率：0.3)	金额(元)
基本生产成本	甲产品	燃料及动力	50 000	57 000×5/8	10 687.5
	乙产品	燃料及动力	30 000	57 000×3/8	6 412.5
	小计		80 000	57 000	17 100

编制会计分录如下：

借：基本生产成本——甲产品　　10 687.50

　　基本生产成本——乙产品　　6 412.50

　　贷：应付账款(或银行存款)　　17 100.00

五、人工费用的内容

做什么事，都离不开人。办公司更是如此，如果你要雇人，当然要给员工开工资。管理人员的工资、普通工人的工资各不相同，核算也不一样。除了工资，还有奖金和津贴等。工资的核算也包括考勤记录、产量记录和工时记录等，可谓五花八门、种类繁多。

那么什么类型的工资应该计入成本？计入成本的工资又如何在产品之间分配？这也是需要考虑的问题。

职工是指与企业签订劳动合同或虽未签订劳动合同但存在实际劳动关系的所有人员，包括全职、兼职和临时职工。工资总额是指各单位在一定时期内直接支付给本单位全体职工的全部劳动报酬总额。工资费用都包括哪些组成部分呢？

1. 基本工资

按照计时工资标准和工作时间支付给个人的劳动报酬；按照职工完成的符合质量要求的工作数量与计件单价计算支付的计件工资。它是工资费用的主要部分。

2. 经常性奖金

为了调动职工生产积极性，奖励在生产、工作中取得优异成绩的职工，在基本工资以外，支付给职工的超额劳动报酬和增收节支的劳动报酬。如超产奖、节约奖等。

3. 工资性质津贴

为了补偿职工额外劳动消耗或特殊劳动消耗，以及为了保证职工工资水平不受特殊条件影响，以津贴形式支付给职工的劳动报酬，如夜班津贴、高空作业津贴、井下作业津贴、物价补贴等。

4. 其他工资

根据国家规定，支付给职工非工作时间的工资，如病、伤、产假工资，探亲假工资，女工哺乳时间的工资等。

另外，企业职工在产品生产经营过程中分工不同，服务对象不同，其工资结构及其计入费用的项目也是不同的。在企业职工中，有的是直接从事产品制造的工人，有的是为产品生产提供服务的工人，有的是为产品正常生产经营履行管理职能的管理人员，由于他们在生产中所处的岗位不同，作用不同，因而支付给不同人员的工资，在生产经营和成本计算中其列支项目和层次也是不同的。

六、工资制度

正确地进行应付工资的计算，是工资费用核算的基础。由于各类企业实行的工资制度不同，具体计算的方法应根据企业的具体规定进行。主要有以下几种工资计算方法。

1. 计时工资制

实行计时工资制的企业，每月应付给职工的工资数是根据每一职工的工资等级、工资标准、出勤情况和其他有关规定进行计算的。具体计算方法有以下两种。

(1)月工资扣除缺勤工资，其计算公式为：

应付工资 = 月标准工资 + 各种工资性津贴 －(事假日数 × 日工

资标准)-(病假日数×日工资标准×病假应扣工资比例)

(2)按出勤日数计算工资，其计算公式为：

应付工资=(出勤日数×日工资标准)+奖金+各种工资性津贴+(病假日数×日工资标准×病假应发工资比例)

上列公式中的日工资标准的计算为：

$$日工资标准=\frac{月工资标准}{平均每月工作日数}$$

上式中平均每月工作日数有两种计算方法，一是按全年平均日历日数30天(即360/12)计算，二是按平均全年法定工作日数25.5天(即306/12)计算(现在全年平均法定工作日数应该是360天扣减法定的假日和节日即111天后，再除以12个月即是)。

目前我国还在实行八小时工作制，日工资除以8，就是小时工资标准，亦称小时工资率。这就是计时工资计算的过程。

2. 计件工资制

实行计件工资制的企业或车间，每月应付给职工的工资是根据产量凭证的记录中每一个工人制造完成的合格数量，乘以规定的计件单价计算的标准工资。

3. 浮动工资制

实行浮动工资的企业，指企业工资总额与经济效益挂钩浮动。企业在完成各项考核指标的前提下，只要企业本年上缴税利超过基期上缴税利数，就可以按照上缴税利增长率及基期工资总额和核定的工资浮动系数，从销售收入中提取工资增长基金作为企业工资增长的资金来源。

七、工资的分配

直接进行产品生产的生产工人工资，应记入“基本生产成本”科目及所属明细账的“直接人工”成本项目。其中生产工人的计件工资，属于直接计入费用，根据工资结算凭证直接记入某种产品成本的“直接人工”成本项目。

生产工人的计时工资一般属于间接计入费用，但是在只生产一种产品时，属于直接计入费用可以直接记入该种产品成本的“直接人工”成本项目；在生产多种产品时，则属于间接计入费用，应按照产品的生产工时比例等分配标准分配后再记入各种产品成本明细账“直接人工”成本项目。其比例分配计算公式如下：

某产品应分配计时工资 = 该产品生产工时(实际或定额) × 工资费用分配率

小案例

某工业企业生产甲、乙两种产品，甲、乙产品计时工资共计8 400元，生产工时分别为7 200小时，4 800小时。按生产工时比例分配计算如下：

工资费用分配率 = 8 400 ÷ (7 200 + 4 800) = 0.7；

甲产品分配的工资费用 = 7 200 × 0.7 = 5 040(元)；

乙产品分配的工资费用 = 4 800 × 0.7 = 3 360(元)。

八、工资费用分配表的编制

生产人员的工资和社会保险费等，应记入“基本生产成本”账户中的“直接人工”成本项目；生产车间管理人员的工资和社会保险费等，应记入“制造费用”账户；辅助生产车间人员的工资和社会保险费等，应记入“辅助生产成本”账户；行政管理人员的工资和社会保险费等，应记入“管理费用”账户；专设销售部门人员的工资和社会保险费等，应记入“销售费用”账户；用于固定资产构建工程人员的工资和社会保险费等，应记入“在建工程”账户；已分配的工资总额，应记入“应付职工薪酬”账户的贷方。工资费用分配表的编制如表3－2所示。

表 3-2 工资费用分配表

××年×月 单位：元

应借科目		成本或费用项目	直接计入	分配计入			工资费用
				生产工时(小时)	分配率	分配金额	合计
基本生产成本	甲产品	工资及福利费	1 960	7 200	0.7	5 040	7 000
	乙产品	工资及福利费	1 640	4 800	0.7	3 360	5 000
	小计		3 600			8 400	12 000
辅助生产成本	供电	工资及福利费	400				400
	供水	工资及福利费	200				200
	小计		600				600
制造费用		工资及福利费	800				800
管理费用		工资及福利费	1 200				1 200
销售费用		工资及福利费	500				500
合计			6 700			8 400	15 100

根据表 3-2，编制会计分录如下：

借：基本生产成本　　12 000

　　辅助生产成本　　600

制造费用	800
管理费用	1 200
销售费用	500
贷：应付职工薪酬——工资	15 100

九、利息费用的核算

利息费用不是产品成本的组成部分，而是期间费用中财务费用的组成部分。短期借款的利息一般是按季度结算支付的。每月预提利息时，借记“财务费用”科目，贷记“其他应付款”科目；季末实际支付利息费用时，借记“其他应付款”科目，贷记“银行存款”科目。季末调整实际利息费用与按计划预提利息费用的差额。如果利息费用数额不大，为了简化核算，企业也可以不采用预提利息费用的办法，而将季末实际支付的利息费用全部计入当月的财务费用，借记“财务费用”科目，贷记“银行存款”科目。长期借款利息费用一般是每年计算一次应付利息，到期一次还本付息。每年计算结转应付利息时，借记“财务费用”“在建工程”科目，贷记“长期借款”科目；到期还本付息时，借记“长期借款”科目，贷记“银行存款”科目。

十、税金

要素费用中的税金，如印花税、房产税、车船税和城镇土地使用税等，都不是产品成本的组成部分，而是期间费用中管理费用的组成部分。税金没有单独设立成本项目，而是在管理费用中设置税金费用项目。

印花税税票是一次购买，分期使用，且金额较大，或者一次交纳印花税额较大需要分摊的，可以作为待摊费用处理。购买印花税税票时，借记“待摊费用”科目，贷记“银行存款”科目；分月摊销时，借记“管理费用”科目，贷记“待摊费用”科目。

对于需要预先计算应交金额，然后交纳的税金，如房地产税、车船使用税和土地使用税等，在计算出应交税金时，应借记“管理费用”科目，贷记“应交税费”科目；在交纳税金时，应借记“应交税费”科目，贷记“银行存款”等科目。

小案例

长江公司本月开出转账支票购买印花税税票，共计200元。并计算应交房产税120元，土地使用税130元，车船使用税150元，共计400元。会计分录如下。

(1)购买印花税票：

借：管理费用　　200

　　贷：银行存款　　200

(2)计提各种税金：

借：管理费用　　400

　　贷：应交税费——应交房产税　　120

　　　　　　　　——应交土地使用税　　130

　　　　　　　　——应交车船使用税　　150

十一、其他费用

其他费用支出是指上述各项费用以外的其他费用支出，包括修理费、差旅费、邮电费、保险费、劳动保护费、运输费、办公费、水电费、技术转让费、业务招待费等。这些费用发生时，根据有关的付款凭证，按照费用的用途进行归类，分别记入“制造费用”“辅助生产成本”“管理费用”“销售费用”等科目的借方，并贷记“银行存款”等科目。

小案例

甲公司以银行存款支付本月发生的固定资产修理费共计5 730

元，其中：基本生产车间 3 430 元，辅助生产供电车间 540 元，辅助生产供水车间 160 元，行政管理部门 1 200 元，专设销售机构 400 元。编制如下会计分录：

借：制造费用　　3 430
　　辅助生产成本——供电车间　　540
　　　　　　　　——供水车间　　160
　　管理费用　　1 200
　　销售费用　　400
　　贷：银行存款　　5 730

辅助生产费用的核算

想到成本，大部分人大概只会算算原材料、雇人的花费，而常常忘了我们生产中的供水、供电、供汽、运输等辅助生产都要花钱的事实。一般来说，一个完备的生产企业会有专门的辅助车间来保证生产，这些费用，就归入辅助生产费用。

我们一定会注意到，辅助车间的供水供电，除了给别的车间使用之外，还要供自己车间使用。

辅助生产是指主要为基本生产车间、企业行政管理部门等单位服务而进行的产品生产和劳务供应，有时也对外销售和服务。

辅助生产产品和劳务成本的高低，影响到企业产品成本的水平，所以做好辅助生产费用的归集与分配对于企业节约费用、降低成本都有积极的作用。

一、辅助生产费用的归集

辅助生产费用是通过设置“辅助生产”或“生产成本——辅助生产成本”科目来归集的。

归集辅助生产费用时，首先按车间类别进行归集，然后再按不同的产品或劳务并分成本项目进行归集，也就是说辅助生产费用应按车间并分产品、劳务设置明细账，账内再按成本项目设专栏。只生产一种产品或劳务的情况下，直接根据材料分配表和有关的凭证在有关项目内进行登记。

辅助生产车间发生的除直接材料、直接人工等以外的其他费用如果是属于多种产品或多种劳务的间接费用，应先计入按车间分别设置的“制造费用——辅助生产车间”明细账，月终再按一定的标准分配计入本车间各产品或劳务的“生产成本——辅助生产成本”明细账。

辅助生产车间归集的生产费用，应比照基本生产车间的产品成本计算方法，对辅助生产车间的产品、劳务采用一定的方法计算它们的实际成本。

辅助生产完工的产品或劳务的成本，经过分配以后从“辅助生产成本”科目的贷方转出，期末如有借方余额则为辅助生产的在产品。辅助生产费用的归集有两种格式：

第一种格式：辅助生产成本明细账和制造费用明细账分开。

“辅助生产成本”科目与“基本生产成本”科目一样，一般按车间以及产品和劳务设置明细账，账内按成本项目设立专栏或专行进行明细核算。辅助生产的制造费用，单独设置“制造费用”科目核算，先通过“制造费用”科目进行归集，然后转入“辅助生产成本”科目的借方，计入辅助生产产品或劳务的成本。辅助生产成本明细账和制造费用明细账举例如表 3 -3 和表 3 -4 所示。

表 3 -3　辅助生产成本明细账

辅助车间：修理车间　　2013 年 4 月　　单位：元

摘要	原材料	动力	工资及福利费	制造费用	合计	转出
材料费用分配表	4 200				4 200	
动力费用分配表		400			400	
工资及福利费分配表			3 200		3 200	
制造费用分配表				1 600	1 600	
辅助生产成本分配表						9 400
合计	4 200	400	3 200	1 600	9 400	9 400

表 3－4　制造费用明细账

辅助车间：修理　　　　2013 年 4 月　　　　单位：元

摘要	原材料	动力	工资及福利费	折旧费	办公费	保险费	其他	合计	转出
原材料费用分配表	500							500	
动力费用分配表		50						50	
工资及福利费分配表			450					450	
折旧费用分配表				200				200	
办公费（付款凭证×号）					180			180	
保险费（付款凭证×号）						100		100	
其他（付款凭证×号）							120	120	
制造费用分配表									1 600
合计	500	50	450	200	180	100	120	1 600	1 600

第二种格式：辅助生产成本明细账和制造费用明细账合一。

有的企业辅助生产车间规模较小，发生的制造费用较少，辅助生产也不对外销售产品或提供劳务，不需要按照规定的成本项目计算辅助生产产品成本。

这种情况下，辅助生产的制造费用不通过“制造费用”科目及其明细账单独核算，而是直接记入“辅助生产成本”科目。

这时，“辅助生产成本”明细账就是按照成本项目与费用项目相结合设置专栏，而不是按成本项目设置的专栏。辅助生产成本明细账举例如表 3－5 所示。

表 3－5　辅助生产成本明细账

辅助车间：供电车间　　　　2013 年 4 月　　　　单位：元

摘要	原材料	动力	工资及福利费	折旧费	修理费	保险费	其他	合计	转出
原材料费用分配表	4 700							4 700	
动力费用分配表		450						450	
工资及福利费分配表			3 650					3 650	
折旧费用分配表				200				200	
待摊费用分配表						100		100	
修理、办公等费用支出（付款凭证×号）					180		120	300	
辅助生产成本分配表									
合计	4 700	450	3 650	200	180	100	120	9 400	

二、辅助生产费用的分配

经过之前的日常记账、汇总，将辅助生产车间发生的费用都归集于“生产成本——辅助生产成本”或“辅助生产”及其明细账的借方，然后就要进行分配。

这些费用的分配原则是：

根据辅助生产车间所提供的产品和劳务数量，采用一定的分配标准和方法分配给各受益单位，即费用从“生产成本——辅助生产成本”或“辅助生产”账户的贷方分别转入各有关账户。

所提供的产品，如工具、模具和修理用备件等产品成本，应在产品完工时，从“辅助生产成本”科目的贷方分别转入“低值易耗品”和“原材料”科目的借方。

而提供的劳务作业，如水、电、汽、修理和运输等所发生的费用，则要在各受益单位之间按照所耗数量或其他比例进行分配后，从“辅助生产成本”科目的贷方转入“基本生产成本”“制造费用”“管理费用”“销售费用”“在建工程”等科目的借方。

辅助生产费用的分配同样与分配其他费用一样要通过编制分配表的形式进行分配的，但由于辅助生产车间所提供的产品或劳务的数量及其受益单位和程序等情况的不同，其分配方法也是多种多样的。

辅助生产费用的分配是通过编制辅助生产费用分配表进行的，通常采用的分配方法有直接分配法、交互分配法、代数分配法、计划成本分配法和顺序分配法。

1. 直接分配法

直接分配法，是指各辅助生产车间发生的费用，直接分配给除辅助生产车间以外的各受益产品、单位，而不考虑各辅助生产车间之间相互提供产品或劳务的情况。

其分配的计算公式为：

$$\text{单位成本(分配率)}=\frac{\text{待分配辅助生产费用}}{\text{辅助生产劳务(产品)总量}-\text{其他辅助生产劳务(产品)耗用量}}$$

某车间、部门(或产品)应分配的辅助生产费用＝该车间、部门(或产品)耗用劳务总量×单位成本分配率

小案例

某企业有供水和供电两个辅助生产车间，主要为本企业基本生产车间和行政管理部门提供服务。根据"辅助生产成本"明细账汇总的资料，供水车间本月发生费用为2 065元，供电车间本月发生费用4 740元。各辅助生产车间供应产品或劳务数量如表3－6所示。

表3－6　各辅助生产车间供应产品或劳务数量

受益单位	耗水(立方米)	耗电(度)
基本生产——丙产品		10 300
基本生产车间	20 500	8 000
辅助生产车间——供电	10 000	
——供水		3 000
行政管理部门	8 000	1 200
专设销售机构	2 800	500
合计	41 300	23 000

按下列公式计算：

单位成本(分配率)＝待分配辅助生产费用/[辅助生产劳务(产品)总量－其他辅助生产劳务(产品)耗用量]

$$\text{水单位成本(分配率)}=\frac{2\ 065}{41\ 300-10\ 000}=0.066\text{(元/立方米)};$$

$$\text{电单位成本(分配率)}=\frac{4\ 740}{23\ 000-3\ 000}=0.237\text{(元/度)}。$$

从而可以填写辅助生产费用分配表如表3－7所示。

表3－7 直接分配法下的辅助生产费用分配表

项目		供水车间	供电车间	合计
待分配辅助生产费用(元)		2 065	4 740	6 805
供应辅助生产以外的劳务数量		31 300 立方米	20 000 度	–
单位成本(分配率)		0.066	0.237	–
基本生产——丙产品	耗用数量		10 300	–
	分配金额		2 441.1	2 441.1
基本生产车间	耗用数量	20 500	8 000	–
	分配金额	1 353	1 896	3 249
行政管理部门	耗用数量	8 000	1 200	–
	分配金额	528	284.4	812.4
专设销售机构	耗用数量	2 800	500	–
	分配金额	184	118.5	302.5
合计		2 065	4 740	6 805

根据辅助生产费用分配表编制会计分录：

借：基本生产成本——丙产品　2 441.10

　　制造费用　3 249.00

　　管理费用　812.40

　　销售费用　302.50

　　贷：辅助生产成本——供水　2 065.00

　　　　　　　　　　——供电　4 740.00

采用直接分配法，由于各辅助生产费用只是进行对外分配，分配一次，计算工作简便。当辅助生产车间相互提供产品或劳务量差异较大时，分配结果往往与实际不符。

这种分配方法只适宜在辅助生产内部相互提供产品或劳务不

多、不进行费用的交互分配对辅助生产成本和产品制造成本影响不大的情况下采用。

2. 交互分配法

交互分配法，是对各辅助生产车间的成本费用进行两次分配。

首先，将各辅助生产车间互相提供的服务量按交互分配前的单位成本，在辅助生产车间之间进行第一次交互分配。

然后，再将各辅助生产车间交互分配后的费用(即原费用加上交互分配转入的费用，减去交互分配转出的费用)，按其提供给基本生产车间和其他部门的服务量和交互分配后的单位成本，在辅助生产车间以外的各受益单位之间进行分配。

交互分配计算公式如下：

交互分配前某项劳务单位成本 = 某辅助生产车间交互分配前的费用总额/该辅助生产车间提供的劳务数量总和

某辅助生产车间应分配劳务费用 = 该辅助生产车间耗用的劳务数量 × 交互分配前该项劳务单位成本

对辅助生产以外分配的计算公式如下：

交互分配后某项劳务单位成本 = 某辅助生产车间交互分配后的费用总额/辅助生产车间以外的各受益单位耗用劳务数量总和

辅助车间以外的受益单位应分配劳务费用 = 该车间(或部门)耗用劳务的数量 × 交互分配后该项劳务单位成本

小案例

某企业本月供电车间归集的费用共 14 295 元，供水车间归集的费用共 9 288 元。供电车间和供水车间提供的劳务量信息如表 3 – 8 所示。

表 3-8 各辅助生产车间供应产品或劳务数量

提供劳务单位		供电车间(度)	供水车间(立方米)
基本生产车间耗用的劳务量	A 产品	50 000	4 000
	B 产品	34 000	12 000
	车间一般消耗	1 000	2 000
辅助生产车间耗用劳务量	供电车间	/	6 500
	供水车间	4 500	/
厂部耗用的劳务量		8 500	4 000
合计		98 000	28 500

(1)计算分配率：

$$供电车间分配率=\frac{供电车间交互分配前的费用总和}{供电车间提供的劳务数量总额}=\frac{14\ 295}{98\ 000}=$$

0.1459(元/度)；

$$供水车间分配率=\frac{供水车间交互分配前的费用总额}{供水车间提供的劳务数量总额}=\frac{9\ 288}{28\ 500}=$$

0.3259(元/度)；

供电车间的水费 $=0.3259\times6\ 500=2\ 118.35$(元)；

供水车间的电费 $=0.1459\times4\ 500=656.55$(元)。

(2)对外分配：

确定辅助生产车间对外分配费用的分配额：

供电车间 $=14\ 295+2\ 118.35-656.55=15\ 756.8$(元)；

供水车间 $=9\ 288+656.55-2\ 118.35=7\ 826.2$(元)。

$$交互分配后供电车间分配率=\frac{15\ 756.8}{98\ 000-4\ 500}=0.1685；$$

$$交互分配后供水车间分配率=\frac{7\ 826.2}{28\ 500-6\ 500}=0.3557。$$

(3)对外分配额的核算：

可用如表 3 -7 的辅助生产费用表来表示。

(4) 交互分配分录：

供电车间的水费：

借：辅助生产成本——供电车间　　2 118. 35

　　贷：辅助生产车间——供水车间　　2 118. 35

供水车间的电费：

借：辅助生产成本——供水车间　　656. 55

　　贷：辅助生产车间——供电车间　　656. 55

3. 计划成本分配法

计划成本分配法是将辅助生产提供产品或劳务的计划单位成本与各受益部门的受益量进行分配，然后再将计划分配额与实际费用的差额进行调整的一种辅助生产费用分配方法。可分两步进行分配。

第一步：计划成本分配阶段，将各受益部门的受益量与各种产品或劳务的计划单位成本进行分配。

第二步：调整分配阶段，各辅助生产车间实际发生的费用与按计划单位成本分配转出的费用差额，追加分配给辅助生产车间以外的各受益单位。

4. 顺序分配法

各辅助车间按受益多少排序，受益少的排在最前面，先将费用分配出去；受益多的排在后面，后将费用分配出去。这种分配方法的特点是排列在前面的辅助生产车间不负担排列在后面的辅助生产车间的费用。

例：某企业有供水和供电两个辅助生产车间，供电车间耗用水较少，而供水车间耗电较多，这样就可以按照供电、供水的顺序排列，先分配电费，再分配水费。

制造费用的核算

如果你开了家裁缝铺，雇了几个裁缝，又雇了个裁缝主管。除了计件工资之外，你当然要多给裁缝主管一些钱，这些钱可能是他监督、或者处理日常事务的工资。那么这些钱应该计入哪里？裁缝铺店面的折旧属于成本吗？制造费用是为生产产品而发生的、间接用于生产的费用。这些费用该如何归集和分配呢？

制造费用是指企业为生产产品或提供劳务而发生的、应计入产品成本的、但没有专设成本项目的各项生产费用。制造费用大部分是间接用于产品生产的费用，例如：机物料消耗、车间辅助人员的工资及福利费、车间厂房的折旧费等；也有一部分直接用于产品生产、但管理上不要求单独核算。制造费用还包括车间用于组织和管理生产的费用，例如：车间管理人员的工资及福利费，车间管理用房屋和设备的折旧费、租赁费和保险费，车间管理用费、水费、取暖费、差旅费和办公费等。

制造费用的内容比较复杂，企业应按照管理要求分别设立若干费用项目进行核算，归类反映费用的计划执行情况。

一、制造费用的归集

制造费用的核算，是通过“制造费用”总账科目进行归集和分配的。

该科目应按车间（基本生产车间、辅助生产车间）、部门设置明细账，账内按照费用项目设专栏或专行，分别反映各车间、部门各项制造费用的支出情况。

基本生产车间所发生的制造费用一般应通过“制造费用”账户进行核算。

制造费用的归集按其记账依据不同可分为两种情况：

一是一般费用发生时，根据付款凭证或据以编制的其他费用分配表，借记“制造费用”账户，贷记“银行存款”或其他有关账户。如办公费、差旅费、劳动保护费等。

二是机物料消耗、外购动力费用、工资及福利费、折旧费、修理费等，在月末应根据转账凭证及汇总编制的各种费用分配表，借记“制造费用”账户，贷记“原材料”“应付职工薪酬”“累计折旧”“预提费用”等账户。

辅助生产车间所发生的制造费用一般可通过“制造费用”账户进行核算，也可不通过“制造费用”账户进行核算。

如果不设置“制造费用”账户，在发生制造费用时，可借记“辅助生产成本”账户，贷记有关的会计账户。“制造费用”账户应按车间、部门设置明细账，账内按费用项目设立专栏或专户，分别反映各车间、部门各项制造费用的支出情况，便于进行成本的管理。制造费用明细账格式如表 3－9 所示。

表 3－9　制造费用明细账

第一车间　　　　××年×月　　　　单位：元

××年		凭证号	摘要	项目							合计
月	日			工资	折旧费	修理费	物料消耗	水电费	运输费	低值易耗品摊销	
			耗用材料				1 800				1 800
			本月工资	1 440							1 440
			计提折旧		960						960
			支付运输费用			1 200					1 200
			支付修理费用							480	480

（续表）

××年		凭证号	摘要	项目							合计
月	日			工资	折旧费	修理费	物料消耗	水电费	运输费	低值易耗品摊销	
			摊销低值易耗品					600			600
			支付动力费用								
			本月合计	1 440	960	1 200	1 800	600	840	480	7 320
			分配转出	1 440	960	1 200	1 800	600	840	480	7 320

制造费用的归集，是在制造费用发生时，根据有关的付款凭证、转账凭证和各种费用分配表，记入“制造费用”账户的借方，并按费用的项目，分别记入“工资”“折旧费”“修理费”等项目中，通过登记，把所发生的费用都归集起来了。从“制造费用”的对应账户来看，应贷记“原材料”“应付职工薪酬”“累计折旧”“预提费用”“银行存款”等账户。

二、制造费用的分配

为了正确计算产品成本，企业必须合理分配制造费用。基本生产车间只生产一种产品时，企业可将制造费用直接计入费用，即直接计入该种产品成本。基本生产车间生产多种产品时，制造费用应采用既合理又简便的分配方法，分配计入各种产品的生产成本。

辅助生产车间单独核算其制造费用时，汇总在“制造费用——辅助生产车间”科目的数额，在只生产一种产品或提供一种劳务的辅助生产车间，直接计入该种辅助生产产品或劳务的成本；在生产多种产品或提供多种劳务的辅助生产车间，则应采用适当的分配方法，分配计入辅助生产产品或劳务成本，即记入“辅助生产成本”科目借方及其明细账的“制造费用”成本项目。

月终，将本月制造费用明细账中所归集的制造费用总额，按一定的分配标准分配计入有关的成本计算对象。在只生产一种产品的车间、部门，发生的制造费用全部由该种产品负担，即制造费用直接计入该产品“基本生产”或“生产成本”明细账。在生产多种产品的车间、部门，其共同发生的制造费用，才有分配问题。分配的计算公式为：

$$制造费用分配率=\frac{制造费用总额}{分配标准}$$

某种产品应分配的制造费用＝该种产品所用分配标准×分配率

制造费用分配标准有：生产工时比例法、生产工人工资比例法、机器工时比例分配法和年度计划分配率分配法。分配方法一经确定，不应任意变更。

1. 生产工时比例法

生产工时比例法是按照各种产品所用生产工人工时的比例分配制造费用的一种方法，这样能将劳动生产率与产品负担的费用水平联系起来，使分配结果比较合理。相关计算公式如下：

制造费用分配率＝制造费用总额÷车间生产工人工时总额

某种产品应分配的制造费用＝该产品生产工人工时×制造费用分配率

采用这种分配方法，它的前提条件是制造费用与直接工时关系密切，比如每增加一小时的人工，便增加若干制造费用，它把劳动生产率与产品负担的费用水平联系起来。所以采用这种方法时，各种产品生产的机械化程度不能相差悬殊，否则机械化程度低的生产的产品负担的折旧费和维修费就会显得不合理。

注意：采用这一方法，各种产品生产的机械化程度应该相差不多，否则会影响费用分配的合理性。因为，在制造费用中包含着不少与机械使用有关的费用，如机械设备的折旧费、租赁费和保险费等。如果产品生产的机械化程度高，则企业应该多负担上述几项费用。

小案例

甲企业基本生产车间生产 A、B 两种产品，发生制造费用 34 200元，A 产品的生产工时为 26 000 小时，B 产品的生产工时为 12 000小时。编制制造费用分配表，如表 3－10 所示。

表 3－10 制造费用分配表

应借账户		生产工时(小时)	分配金额
生产成本——基本生产成本	A 产品	26 000	23 400
	B 产品	12 000	10 800
合计		38 000	34 200

制造费用分配率 =34 200 ÷(26 000 +12 000) =0.9；

A 产品应分配制造费用 =26 000 ×0.9 =23 400(元)；

B 产品应分配制造费用 =12 000 ×0.9 =10 800(元)。

根据制造费用分配表，编制如下会计分录：

借：生产成本——基本生产成本——A 产品　　23 400

　　　　　　　　　　　　　　——B 产品　　10 800

　贷：制造费用　　34 200

2. 生产工人工资比例法

生产工人工资比例法是以各种产品的生产工人工资的比例分配制造费用的一种方法。计算公式如下：

$$制造费用分配率 = \frac{制造费用总额}{车间生产工人工资总额}$$

某种产品应分配的制造费用 = 该产品生产工人工资 × 分配率

3. 机器工时比例法

机器工时比例法是指不同产品按照所占用机器设备运转时间的比例不同分配制造费用的一种方法。

注意：这种方法适用于机械化程度较高的车间。因为在这种车间里，与机器设备使用有关的费用所占比重较大，这些费用与机器设备运转的时间有着密切的联系。企业要记录好各种产品使用机器的时间，才能保证制造费用分配的正确性。

4. 年度计划分配率分配法

年度计划分配率分配法是按照年度开始前确定的全年适用的计划分配率分配制造费用的一种方法，其公式表述如下：

年度计划分配率 = 年度制造费用计划总额 ÷ 年度各种产品计划产量的定额工时总额

某种产品应分配的制造费用 = 该月该种产品实际产量的定额工时数 × 年度计划分配率

注意：不管各月实际发生的制造费用是多少，每月各种产品成本中的制造费用都可以按照年度计划分配率来分配。在分配中如果发现年内分配的计划数与实际数差额较大时，应及时调整计划分配率，以便达到分配额相对准确的要求。

小案例

长江企业 2012 年基本生产车间全年制造费用计划为 234 000 元，全年各种产品的计划产量为甲产品 19 000 件，乙产品 6 000 件，丙产品 8 000 件。

单件产品工时定额：甲产品 5 小时，乙产品 7 小时，丙产品 7.25 小时。

6 月份实际产量：甲产品 1 800 件，乙产品 700 件，丙产品 500 件，本月实际发生的制造费用为 20 600 元。

使用年度计划分配率分配法，我们做以下计算：

(1) 各种产品年度计划产量的定额工时。

甲产品年度计划产量定额工时 = 19 000 × 5 = 95 000(小时);

乙产品年度计划产量定额工时 = 6 000 × 7 = 42 000(小时);

丙产品年度计划产量定额工时 = 8 000 × 7.25 = 58 000(小时)。

(2) 制造费用年度计划分配率。

$$制造费用年度计划分配率 = \frac{234\ 000}{95\ 000 + 42\ 000 + 58\ 000} = 1.2$$

(元)。

(3)分配制造费用,用表3-11所示的制造费用明细表来计算:

表3-11 制造费用明细表

第一车间　　××年×月

产品名称	定额工时	实际产量	应分配工时	分配率	分配额(元)
甲产品	5	1 800	9 000	1.2	10 800
乙产品	7	700	4 900		5 880
丙产品	7.25	500	3 625		4 350
合计					21 030

(4)编写会计分录:

借:生产成本——基本生产成本(甲产品)　10 800

　　　　　——基本生产成本(乙产品)　5 880

　　　　　——基本生产成本(丙产品)　4 350

　贷:制造费用　21 030

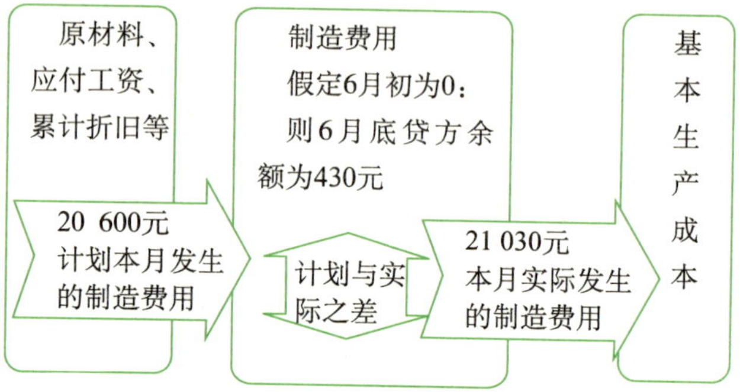

图 3－1　科目记录示意图

由表 3－11 可以看出，采用年度计划分配率分配法时，在每月月末，“制造费用”账户可能会有余额。余额在借方，表示实际费用大于计划费用，本期实际发生的制造费用大于本期分配的计划费用；余额在贷方，表示实际费用小于计划费用，即本期实际发生的制造费用小于本期分配的计划费用。“制造费用”科目如果还有年末余额，就是全年制造费用的实际发生额与计划分配额的差额，一般应在年末调整计入 12 月份的产品成本。

实际发生额大于计划分配额，借记“基本生产成本”科目，贷记“制造费用”科目；实际发生额小于计划分配额，则用红字冲减，或者借记“制造费用”科目，贷记“基本生产成本”科目。

这种分配方法核算工作简便，特别适用于季节性生产的车间，但是，采用这种分配方法要求计划工作水平较高，否则会影响产品成本计算的正确性。

无论采用哪一种制造费用分配方法，都应根据分配计算的结果，编制制造费用分配表，据以进行制造费用的总分类核算和明细核算。制造费用的分配，除了采用按年度计划分配率分配法的企业外，“制造费用”科目都没有月末余额。

我们可以列表对制造费用分配方法的主要内容和适用条件做出说明，如表 3－12 所示。

表 3－12　制造费用分配方法的比较

项目	分配标准	分配率	某产品应分配数	适用范围	特征
生产工时比例分配法	实际生产工时	制造费用总额÷各种产品实际生产工时之和	该产品实际生产工时×分配率	制造费用的发生与生产工时有密切关系	制造费用账户期末没有余额
生产工人工资比例分配法	生产工人工资	制造费用总额÷各种产品生产工人工资总额	该产品生产工人工资×分配率	制造费用的发生与生产工时有密切关系	制造费用账户期末没有余额
机器工时比例分配法	机器工时	制造费用总额÷各种产品机器工时之和	该产品实际机器工时×分配率	制造费用的发生与机器工时有密切关系	制造费用账户期末没有余额
年度计划分配率分配法	计划分配率	全年计划制造费用总额÷全年各种产品计划产量的定额工时总数	实际产量的定额工时×年度计划分配率	季节性生产企业	制造费用账户期末有余额

生产损失的核算

在成本会计中，废品是非常普遍的现象，废品当然要算作损失，从而增大了成本。废品损失的归集和分配，也是成本会计的一个重要方面。

生产损失是指生产过程中，由于原材料质量不符合要求或者生产工人不遵守操作规程等生产技术方面的原因而引起的各种损失费用。主要包括废品损失费用和停工损失费用。

一、废品损失

废品是指质量不符合技术标准的规定，不能按照原定用途加以利用的，或者只有通过加工修复才能利用的产成品和半成品，无论其是在生产中发现的还是在入库后发现的，均属于生产中的废品。

二、成本会计需注意的问题

经质量检验部门鉴定无需返修、可做降价处理的不合格产品，不应作为废品损失处理。

产品入库以后，因保管不善等原因而造成的损坏变质，不属于废品的范围。

实行“三包”的企业，在产品售出后发现的废品所发生的一切损失，不属于废品损失。

三、废品损失的核算

为了核算生产过程中发生的废品损失，可在“基本生产”账户下设置“废品损失”明细账户组织核算。借方登记不可修复废品的生产成本和可修复废品的修复费用；贷方登记应从废品成本中扣除的回收废料的价值。该账户借贷双方上述内容相抵后的差额，即为企业的全部废品净损失。其中对应由过失人负担的部分，则从其贷方转入“其他应收款”账户借方，及时要求赔偿；其余废品净损失，应该全部归由本期完工的同种产品成本负担，列入“废品损失”项目，即从“基本生产——废品损失”账户的贷方，转入“基本生产——××产品”账户的借方，结转后的“基本生产——废品损失”账户应无期末余额。

不可修复废品的生产成本，编制会计分录：

借：废品损失

　　贷：基本生产——废品损失

可修复废品的修复费用，编制会计分录：

借：废品损失

　　贷：原材料

　　　　应付职工薪酬

　　　　制造费用

废品的回收价值和应收赔款，编制会计分录：

借：原材料(或其他应收款)

　　贷：基本生产——废品损失

在计算不可修复废品成本时，应注意到，不可修复废品是发生在制造过程的中途，还是最后阶段，这对废品数量的确定及其费用分配都有着直接的关系。

小案例

某企业生产甲产品2 000件，其中200件为不可修复废品，废品残值40元，无赔偿。这种产品的成本资料如下：

直接材料(一次投料)	10 200
直接人工	4 560
制造费用	3 000
合　计	17 760

（1）设200件不可修复废品是在生产的最终阶段发生的，按成本项目分别计算应负担的废品成本为：

废品应负担的材料费用 $=\frac{10\ 200}{2\ 000}\times 200=1\ 020$（元）；

废品应负担的工资费用 $=\frac{4\ 560}{2\ 000}\times 200=456$（元）；

废品应负担的制造费用 $=\frac{3\ 000}{2\ 000}\times 200=300$（元）；

应负担的废品成本 $=1\ 020+456+300=1\ 776$（元）。

根据上列资料，编制“废品成本计算表”，如表3－13所示。

表3－13 废品成本计算表

车间：甲车间　　　　××年×月

项目	产量（件）	直接材料	直接人工	制造费用	合计
费用总额	2 000	10 200	4 560	3 000	17 760
费用分配率（件）		5.10	2.28	1.50	8.88
废品成本	200	1 020	456	300	1 776

废品损失 $=1\ 776-40$（残值）$=1\ 736$（元）。

（2）假设200件不可修复废品是在加工60%时发生，按成本项目分别计算废品应负担的成本为：

废品应负担的材料费用 $=\frac{10\ 200}{2\ 000}\times 200=1\ 020$（元）；

废品应负担的工资费用 $=\frac{4\ 560}{1\ 800+200\times 60\%}\times 200\times 60\%=285$（元）；

废品应负担的制造费用 $=\frac{4\ 560}{1\ 800+200\times 60\%}\times 200\times 60\%=285$（元）；

应负担的废品成本 $=1\ 020+285+187.50=1\ 492.50$（元）；

废品损失 =1 492. 50 -40(残值) =1 452. 50(元)。

根据“废品成本计算表”将不可修复废品成本、残料交库价值、过失人赔款等全部记入“废品损失明细账”并据以计算出不可修复废品的净损失额。

四、停工损失的核算

停工损失是指生产车间在停工期间发生的各项费用，包括停工期间发生的原材料费用、工资费用和制造费用等。由过失单位或保险公司负担的赔款，从停工损失中扣除。

在会计科目中增设“停工损失”科目，在成本项目中增设“停工损失”项目。

停工期间发生的应计入停工损失的各种费用，都应在该科目的借方归集，借记“停工损失”科目，贷记“原材料”“应付职工薪酬”和“制造费用”等科目。

对于停工损失的归集，其中应取得赔偿的损失和应计入营业外支出的损失，应从该科目的贷方分别转入“其他应收款”和“营业外支出”科目的借方；应计入产品成本的损失，应从该科目的贷方分别转入“基本生产成本”科目的借方。

期间费用的核算

期间费用的“期间”，顾名思义，就是会计期内的一段时间。期间费用与成本无关，与利润有关，我们在成本计算时要分清楚各种期间费用。

期间费用是指企业生产经营过程中发生的，与产品的生产活动没有直接联系，属于某一时间发生的直接计入当期损益的费用。

那么期间费用都包括哪些内容呢?

企业行政管理部门为组织和管理生产经营活动而发生的各项管理费用；企业在产品销售过程中发生的各项费用，以及专设销售机构的各项经费；企业为筹集生产经费而发生的财务费用均属于期间费用的范畴。

管理费用的归集和结转，是通过“管理费用”总账科目和所属明细科目进行的。管理费用应按费用项目设置明细账，用来反映和考核各项费用的支出情况。发生或支付各项管理费用时，记入“管理费用”科目的借方和有关科目的贷方。在发生材料产品盘盈时，抵减管理费用的金额，应记入有关科目的借方和“管理费用”总账科目的贷方，同时要在“管理费用”明细科目的“材料产品盘亏和毁损”专栏中用红字或负数登记。

销售费用的归集和结转是通过“销售费用”总账科目和所属明细科目进行归集和结转的。销售费用应按费用项目设置明细账，进行明细核算，用以反映和考核各项费用的支出情况。发生和支付各项产品销售费用时，记入“销售费用”科目的借方，以及“银行存款”“库存现金”“应付账款”“应付职工薪酬”“包装物”等科目的贷方。

财务费用的归集和结转，是通过“财务费用”总账科目和所属明细账进行的。财务费用应按费用项目设置明细账，用以反映和考核各项费用的支出情况。发生或预提利息支出时，记入“财务费用”科目的借方和“预提费用”或“银行存款”科目的贷方。在发生利息收入和汇兑收益时，应记入“银行存款”等科目的借方和“财务费用”科目的贷方。这些抵减财务费用的金额，既要记入该总账科目的贷方，又应在财务费用明细账借方“利息支出”和“汇兑损失”栏中用红字或负数登记。

第四章

产品成本的核算方法

每一种产品的工业流程都是一个独有的程序，就像人的指纹一样，虽有相似，但人人不同。不同的工业流程需要不同的方法，或者各种方法的综合运用。我们需要根据产品生产步骤的多少、产品数量的多少以及管理要求选择合适的成本计算方法以计算出产品成本。

在这一章，你将会知道

◇ 产品核算的概述。

◇ 产品成本核算的基本方法。

◇ 产品成本核算的辅助方法。

产品核算的概述

为了正确计算产品成本和期间费用，根据企业的生产特点和管理要求，应采用合适的成本核算方法。

企业生产按工艺技术特点分类，可分为单步骤生产和多步骤生产两大类，单步骤生产是指生产过程在工艺上不能间断，或者不便于分散在几个不同地点的生产，例如发电、采掘、燃气生产等均属于单步骤生产。多步骤生产是指生产过程在工艺上可以间断，或可以分散在不同时间、地点进行的生产。按劳动对象的加工程序可分为连续加工式多步骤生产和平行加工式多步骤生产。连续加工式多步骤生产是指产品在各个生产步骤有先后顺序，如纺织、服装、造纸等企业属于连续加工多步骤生产；平行加工多步骤生产是指各个步骤没有先后顺序，可分别同时加工，然后再组装成产成品，如机器制造等属于此生产类型。具体内容如图 4－1 所示。

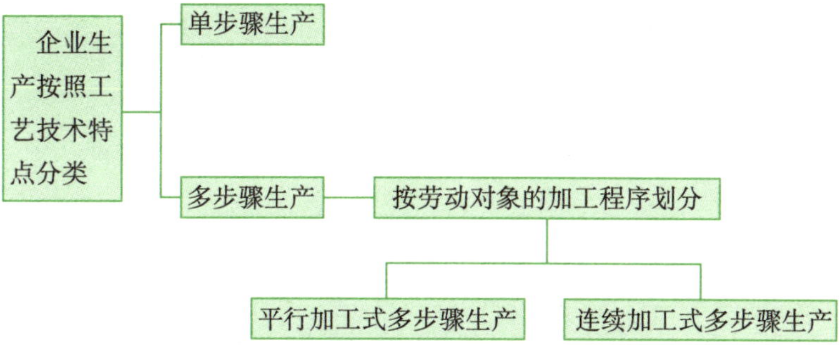

图 4－1　企业生产按照工艺技术特点分类

企业生产按照组织方式分类，可以分为大量生产、成批生产和单件生产三种类型，具体内容如图 4－2 所示。

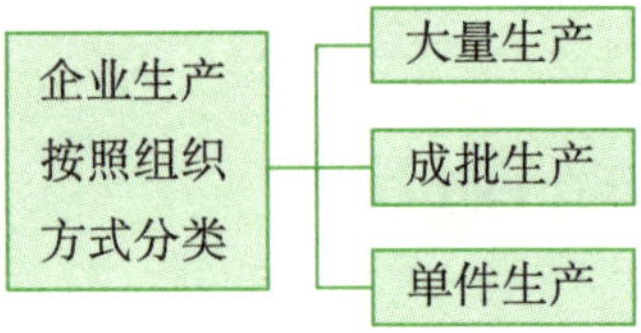

图 4－2　企业生产按照组织方式分类

产品成本核算方法主要受企业生产特点的制约，但并不是完全服从于生产特点，管理的不同要求对企业产品成本的核算方法也会产生一定的影响。根据成本管理的要求，工业企业成本核算对象可以是产品品种，也可以是产品的批别或是产品的生产步骤。

产品成本核算的基本方法

一、品种法

1. 品种法的特点

品种法是以产品的品种作为成本核算对象，归集费用并计算产品生产成本的方法，是产品成本核算最基本的方法。适用于大量、大批单步骤生产，如发电、供水、采掘等行业。该方法具有以下几个特点：

(1)该方法以产品品种作为成本核算对象，设置生产成本明细账或者产品成本计算单。若企业只生产一种产品，核算对象就是该产品的产成品。所有生产费用直接计入该产品的生产成本明细账或者产品成本计算单。如果生产多种产品，企业应该按产品的品种分别设置生产成本明细账或产品成本计算单，发生的直接费用直接计入各品种生产成本明细账或产品成本计算单，间接费用另行归集。

(2)定期按月进行产品核算，企业对产品成本的核算需要定期按月进行，并与会计报告期一致，但可能与产品的生产周期不同。

(3)当存在期末在产品时需要在本期完工产品和期末在产品之间分配费用。若企业没有在产品或者在产品数量很少，则不需要计算月末在产品成本。如果月末有在产品而且数量比较多，企业需要采用一定的方法，在本月完工产品与月末在产品之间分配生产费用，计算出本月完工产品的实际总成本和单位成本。

2. 品种法进行产品核算的程序

(1)按产品品种设置和登记生产成本明细账。对于只生产一种产品的企业只需要设置该产品的生产成本明细账，对于生产多种产品的企业，则应按不同的产品分别设置生产成本明细账。

(2)设置辅助生产、制造费用、废品损失等明细账，按费用的经济用途和费用项目来登记明细账。

(3)根据各种生产费用的耗用情况进行汇总，编制有关费用耗用汇总表。如，直接材料可根据领料单、限额领料单等凭证，按照其用途编制原材料耗用汇总分配表。

(4)根据有关生产费用耗用汇总表、分配计算表等，分别登记生产成本明细账，并计入生产明细账中的各成本项。

(5)月末，根据不同情况的规则，将归集的生产费用进行计算、分配。如果月末没有在产品或在产品数量少，企业可将生产成本明细账所归集的生产费用全部计入本月完工产品成本，并根据本月完工产品的产量计算出各种产品的单位成本。如果月末有在产品且数量较大，企业要将企业生产成本明细账归集的生产费用按一定的方法在本期完工产品与月末在产品间进行分配。

快记要点

一品一种一对象，一期一月一样长，

一批一量一步骤，适大适多适单帮。

“一品一种一对象”是品种法的成本对象，是具体的产品品种，“一期一月一样长”是指品种法的成本计算期与会计期间一致，通常为一个月。后两句是指品种法的适用情形，需要从产品批别、产品数量、生产步骤等方面出发，主要适用于大批大量单步骤生产。

二、分批法

1. 分批法的特点

分批法是指以产品的批别作为成本核算对象，用来归集费用并计算产品成本的方法，主要适用于单件、小批生产的企业，如造船厂、精密仪器制造厂等。该方法具有如下特点：

(1)分批法的成本核算对象是产品的订单或批别。企业按照产品的订单设置产品成本明细账，如果一张订单中涉及的产品不止一种，企业要按照产品的品种划分层次，设置产品成本明细账；若一张订单中只涉及一种产品，但需要分批交货，企业可以将其分成几批，分别组织生产和分设产品成本明细账计算产品成本；若一张订单中只有一种产品，企业按照产品的组成部分分批组织生产和设置产品成本明细账，计算产品成本；若在同一时间几张订单的产品均相同，为了更经济合理地组织生产，企业可以将这些订单合为一批组织生产和分设产品成本明细账，计算产品成本。

(2)用分批法计算产品成本时，由于产品成本要在订单产品全部完工后计算，所以成本的核算期即为生产周期，而与会计核算的报告期不一致。

(3)用分批法计算成本时，月末未完工的订单就是月末在产品，产品成本明细账上归依的生产费用就是月末在产品成本。订单完工后，将产品成本明细账上归依的生产费用进行结算，即得到产成品成本。在实际工作中，若一批产品在月末既有完工产品，又有在产品，则企业应采用适当的分配方法，在完工产品和月末在产品之间分配生产费用。

(4)间接计入费用有两种分配方法：一是当月分配法，当月发生的间接计入费用在月末按照一定的标准全部分配计入所生产的各批产品成本；二是累计分配法，当月发生的间接计入费用在月末暂不分配计入当期生产的各批产品的成本，当有完工批次产品时，再计算分配完工批次产品应负担的各项间接计入费用。

2. 分批法进行产品核算的程序

(1)设置产品成本明细账，可按车间、成本项目分设专栏，将与该订单有关的成本全部计入其中，为便于分析和考核各车间的工作业绩、加强车间管理，各车间可按每一张订单或每一批产品开设一张产品成本明细账，记录每一张订单在车间发生的费用。

(2)做好费用核算的基础工作，应按订单或批别归集费用，直接费用在原始凭证上填明订单号及生产通知单号，便于将其归集计入各产品成本明细账，间接费用要填明其用途和费用发生地点。

(3)月末根据费用的原始凭证编制直接材料、直接人工等费用分配表，辅助生产成本、各车间制造费用要按原始凭证填明的发生地点、费用明细账，通过直接材料、直接人工等费用分配表，汇总计入辅助生产成本、制造费用等明细账。

(4)编制辅助生产费用分配表，月末，把直接耗用的辅助生产产品、劳务成本，直接计入各有关产品成本明细账，把车间、管理部门一般消耗的辅助生产产品、劳务的成本，直接计入制造费用及管理费用明细账。

(5)编制制造费用分配表，月末，企业应根据各车间的制造费用明细账汇总的费用总额，按规定的分配方法，分配计入有关的产品成本明细账。

(6)及时传递有关费用等凭证，计算产品成本，当某张订单、生产通知单或某批产品完工并检验合格后，该生产车间应及时送交会计部门计算产品成本。已发出完工通知单的订单，以后一般不再发生费用。剩余的半成品、材料、废料要进行盘点清理、计价、办理退库手续，供以后使用；若不能使用，按废料价值计算，从有关产品成本明细账中扣除。

(7)会计部门收到生产车间送来的完工通知单，要检查该产品的成本明细账及有关凭证，检查无误后，把产品成本明细账上已归集的成本费用加计总数，扣除退库的材料、半成品以及废料价值，得到产成品的实际总成本，继而得到产品的单位成本。

快记要点

单批直本单批归，多批直本先分配，

制造费用地归后，当月累计两分飞。

这是对分批法下直接成本的归集和分配以及制造费用的分配方法的归纳总结，属于某一批别的生产费用作为该批别

快记要点（续）

的直接成本归集于相应的会计科目，多批是指若干批别的生产费用作为这些批别的共同直接成本需要先在各个批别间进行合理的分配，制造费用按照发生地点进行归集，“当月累计两分飞”是指制造费用可在当月分配给各批别产品而不管其是否完工，都可以累计分配给完工批别产品而未完工产品暂时不承担制造费用。

三、分步法

1. 分步法的特点

分步法是指以产品的品种及所经生产步骤作为成本核算对象来归集生产费用、计算产品生产成本的方法，各个生产步骤成本的计算和结转有逐步结转和平行结转两种不同的方法。逐步结转分步法是指按照生产步骤逐步计算并结转半成品成本，最后计算出产成品成本的方法，又被称作计算半成品成本的分步法。平行结转分步法是指将各生产步骤应计入相同产成品成本的份额平行汇总，以求得产成品成本的方法，它只计算产成品在各生产步骤的成本份额，不计算和结转各生产步骤的半成品成本，又被称作不计算半成品成本的分步法。分步法具有如下特点：

(1)以产品的品种及所经过的生产步骤为成本核算对象，如果企业只生产一种产品，成本计算对象就是该产品及其经过的生产步骤，产品生产成本明细账应按照生产步骤设置；如果企业生产多种产品，成本核算对象是各种产品成本及其所经过的生产步骤，产品生产成本明细账应按生产步骤分产品品种设置。企业各种产品发生的直接费用能直接计入成本核算对象的，应直接记入按成本核算对象设立的产品生产成本明细账；不能直接计入各成本核算对象的，应当按生产步骤归集，月末再按一定的标准分配记入各成本核算的产品生产成本明细账。企业发生的制造费用应先按生产单位归集，月末再直接记入各成本核算对象的产品生产成本明细账。

(2)成本核算应定期按月进行，分步法以产品品种及其所经过的生产步骤为成本核算对象，企业生产组织通常是大量、大批生产，成本核算期与生产周期无法一致，而与会计报告期一致。

(3)生产费用在本月完工产品与月末在产品之间分配。逐步结转分步法各生产步骤都需要计算所产的半成品成本，半成品成本随半成品实物的转移而结转，直到最后生产步骤计算出完工产成品成本，因此月末将生产费用进行分配时，生产费用是本步骤发生的费用加上一步骤转入的半成品成本，本月完工产品是指本生产步骤完工的半成品，本月在产品是指本生产步骤正在加工尚未完工的在制品。平行结转分步法只归集本步骤发生的费用，不计算半成品成本，因此月末在对生产费用进行分配时，生产费用仅指本步骤发生的费用，不包括上一步骤转入的费用。本月完工产品是指企业最终完工的产成品，月末在产品包括本步骤正在加工的在制品和本步骤已加工完成并转入以后生产步骤但尚未最终制成产成品的半成品。

2. 分步法的成本核算程序

分步法成本核算因各生产步骤成本核算和结转方式不同而形成的逐步结转分步法和平行结转分步法，其计算成本的程序是不同的。

(1)逐步结转分步法。

在这种分步法下，各步骤所耗用的上一步骤半成品的成本，要随着半成品实物的转移，从上一步骤的产品成本明细账转入下一步骤相同产品的产品成本明细账中，以便逐步计算各步骤的半成品成本和最后步骤的产成品成本。成本核算程序如图4－3所示。

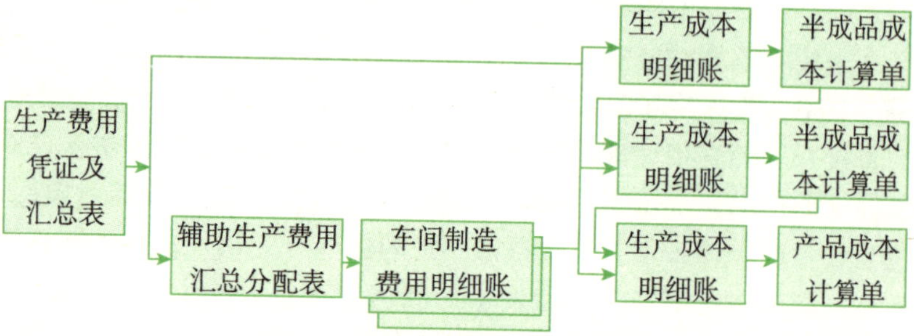

图4－3　逐步结转分步法成本核算程序图

由图4-3可以看到，三个生产步骤各自的产品成本核算方法与品种法相同，可以将逐步结转分步法看作是品种法的多次连续应用。逐步结转分步法按照结转的半成品成本在下一步骤产品成本明细账中的反映方法，分为综合结转和分项结转两种方法。

综合结转法的特点是将各步骤所耗用的上一步骤半成品成本，以“原材料”或专设的“半成品”项目，综合记入各步骤的产品成本明细账中。其流程如图4-4所示。

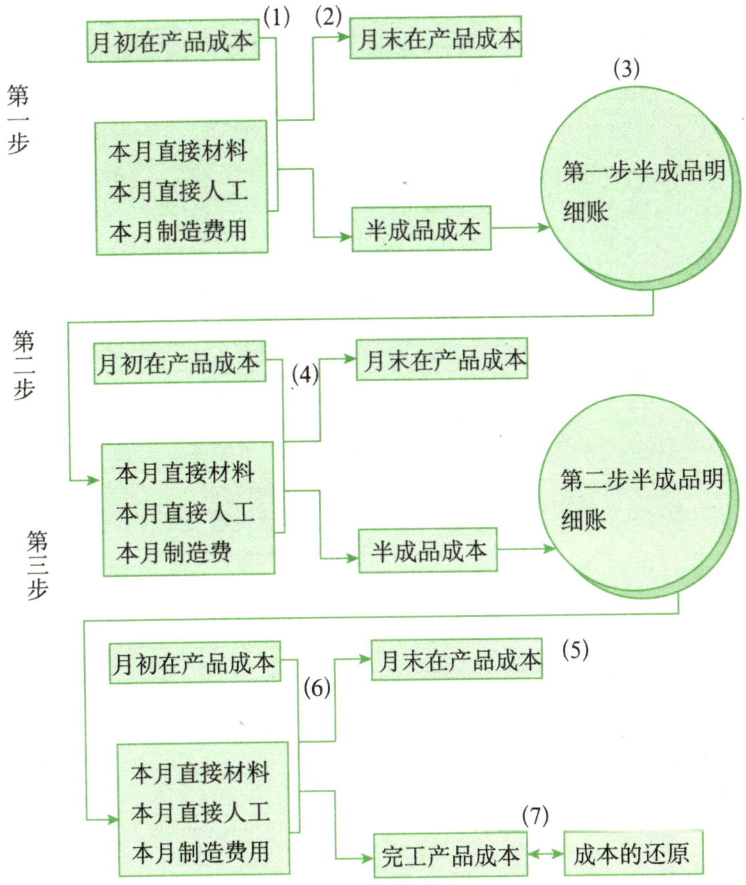

图4-4 综合结转法的流程

分项结转法的特点是将各步骤所耗用的上一步骤半成品成本，按照成本项目分项转入各该步骤产品成本明细账的各个成本项目中。如果半成品通过半成品库收发，在自制半成品明细账中登记半成品成本时，也要按照成本项目分别登记。不必进行成本还原，但结转的核算工作量大。

(2)平行结转分步法。

首先，由各步骤计算出某产品在本生产步骤发生的各种费用。

然后，将各生产步骤该产品所发生的费用在本月最终产品与月末在产品间分配。

最后，将各生产步骤计入相同产成品成本的份额直接相加，计算最终产成品的实际总成本。

平行结转分步法的产品成本核算程序如图 4 –5 所示。

第一步骤：甲产品生产成本明细账	
月初在产品成本	A
本月原材料费用	B
本月加工费用	C
月末在产品成本	D
本月完工产成品份额	X = A + B + C – D

第二步骤：甲产品生产成本明细账	
月初在产品成本	A
本月本步骤发生费用	B
月末在产品成本	C
本月完工产成品成本份额	Y = A + B – C

第三步骤：甲产品生产成本明细账	
月初在产品成本	A
本月本步骤发生费用	B
月末在产品成本	C
本月完工产成品成本份额	Z = A + B – C

甲产品生产成本汇总表	
第一步骤份额	X
第二步骤份额	Y
第三步骤份额	Z
本月完工甲产品成本合计	X + Y + Z

图 4 –5　平行结转分步法的产品成本核算程序图

产品成本核算的辅助方法

一、分类法

“细分”是很多物品都有的特征。走进商场，我们常被琳琅满目的商品搞得眼花缭乱，拿最常见的馒头来说，就有白面、玉米面、黑面、甜味、咸味、彩色等多种，其实无论添加了什么，或者用的什么辅料，各种馒头始终都来自一个“族类”，在成本核算中，分类法将它们划分为一类，先一把抓，再进行细分。

1. 分类法的特点

(1) 以产品的类别为成本核算对象，归集各类产品的生产费用，直接费用直接计入，间接费用采用一定的标准分配计入。

(2) 成本核算期取决于生产特点及管理要求，若是大批量生产，结合品种法或分步法进行核算，企业应定期在月末进行成本核算；如果与分批法结合运用，成本核算期可不固定，而与生产周期一致。

(3) 月末一般将各类产品的生产费用总额在完工产品和月末在产品之间进行分配。

2. 分类法成本核算程序

(1) 将产品按照一定的标准划分不同的类别，按成本项目计算某类产品的完工产品总成本。

(2) 在类内选择一种生产稳定、产量大、规格适中的产品作为标准成本，将其系数定为1，再计算确定类内其他各种产品的单位系数。

(3) 根据类内各种产品的产量情况，计算确定各种产品的总系数。

(4)根据类内各种产品的总系数，计算分配各种产品的生产费用。

(5)汇总计算类内各种产品的总成本，确定各种产品的单位成本。

二、定额法

1. 定额法的特点

定额，来自一个假定，比如，我们假定生产一杯奶茶需要100ml牛奶，那么这就是定额，如果实际花费了102ml，2ml就是差额，这样我们就知道这种方法的好处了。它是一个标杆，用多了就算浪费，用少了即有所节约。

定额法是以事先制订的产品定额成本为标准，在生产费用发生时，及时提供实际发生的费用脱离定额耗费的差异额，并且根据定额和差异额计算产品实际成本的一种成本计算和控制的方法。其特点主要有以下几点：

(1)成本核算对象是企业的完工产品或半成品，根据企业管理的要求，只计算完工产品成本或者同时计算半成品成本与完工产品成本。

(2)成本核算期间是每月的会计报告期，由于定额法一般适用于大量、大批生产企业，只能按月进行成本核算。

(3)产品的实际成本以定额成本为基础，由定额成本、定额差异和定额变动三部分相加而成。

(4)每月的生产费用应分别按定额成本、定额差异和定额变动三方面分配到完工产品和在产品中去。

2. 定额法成本核算程序

采用定额法计算产品成本，主要分为以下几个步骤：首先，企业根据现行消耗定额和费用定额，按照成本项目，分产品品种分别制定产品定额成本；其次，在生产费用发生时，核算并汇总脱离定额的差异；再次，月末在本月完工产品和月末在产品之间分配成本差异；最后，计算出本月完工产品的实际总成本和单位成本。

3. 定额成本的制定

产品的定额成本是指按照现行消耗定额和计划单价计算的成本，包括零部件定额成本与产成品定额成本。定额成本的计算公式为：

直接材料费用定额 = 产品原材料消耗定额 × 计划单价

直接人工定额成本 = 单位产品生产工时定额 × 计划工资率

制造费用定额成本 = 单位产品生产工时定额 × 计划费用率

快记要点

单品定本如何生，计单定额两相乘，
零件部件至产品，事前编制搭顺风。

4. 脱离定额差异的计算

产品实际成本与定额成本之间的差异，可用图 4－6 来表示。

(1) 实际价格 × 实际数量
(2) 计划价格 × 实际数量
(3) 计划价格 × 定额数量

(1)－(2) = 价格差异
(2)－(3) = 数量差异
(1)－(3) = 成本差异

图 4－6　产品实际成本与定额成本之间的差异

图 4－6 中，(1)式为实际成本；(2)式是将(1)式中的实际价格替换为计划价格的结果；(3)式是定额成本。由此可见成本差异由两类差异构成：

价格差异 =(实际价格 － 计划价格) × 实际数量

数量差异 = 计划价格 ×(实际数量 － 定额数量)

成本差异 = 价格差异 + 数量差异

价格差异简称价差；数量差异简称量差。

在定额法下，根据成本项目的不同，脱离定额差异可分为以下三项：

(1) 直接材料脱离定额差异：在定额法下，直接材料脱离定额差异仅指直接材料的数量差异。

(2) 直接人工脱离定额差异：包括数量差异和价格差异。

(3) 制造费用脱离定额差异：包括数量差异和价格差异。

第五章

产品成本控制分析

企业价值最大化是财务管理的目标，追求最大经济效益是市场经济条件下企业生产的根本目的，控制并降低产品的成本费用是提高企业经济效益的重要途径。企业的任何活动都会发生成本，都应在成本控制的范围之内，成本控制分析是成本管理的重要内容，具体说来包括成本计划、成本控制、成本报告和成本分析。

在这一章，你将会知道

◇ 如何做好成本预算？

◇ 如何进行成本控制？

◇ 如何编制成本报表？

如何做好成本预算

俗话说，凡事预则立，不预则废。成本计划就是我们在开工之前，对于成本的一个“预测”，这个预测可不是凭空而来的，是根据以往的数据情况进行计算得来的。做成本计划要依照程序进行，即成本预测、成本决策、计划部署。

一、成本预测

成本预测是企业根据历史成本资料，结合当前技术经济条件、市场环境和企业发展战略，在前瞻未来环境和条件的基础上，利用科学方法，对未来产品成本水平及其变化趋势进行的推测和估算。其一般程序包括：

(1)确定预测目标；

(2)收集分析信息；

(3)选择预测方法；

(4)进行具体预测；

(5)评价预测结果；

(6)形成预测结论。

二、成本决策

成本决策是根据成本预测结果和其他相关资料，利用决策理论和方法，在两种或两种以上备选方案中选取满意方案的过程。企业在进行成本预测的基础上，需要进一步确定成本目标，撰写实现成本目标的各种可行途径和办法，对各种方案进行比较和选择，通过这些工作，为形成计划成果奠定基础。成本决策有很多方法，并且有的方法相当复杂，这里介绍两种基本的方法。

(1)差量分析法：我们可以根据两个备选方案的差量收入与差量成本的比较来确定较优的方案。如果差量收入大于差量成本，则前一个方案较优；反之，则后一个方案较优。一般情况下，如果收入一定，能为企业提供较多利润的方案是成本较低的方案。

(2)机会成本法：在决策分析中考虑机会成本的分析方法。

三、计划部署

计划部署是把成本决策所确定的方案编制成产品成本预测并纳入全面预算，变成可以操作的、完整的行动计划过程。成本计划的落实是计划年度降低成本的具体方法和途径，比如，如何提高产品产量，如何提高劳动生产率，如何节约材料用量，如何降低人工成本，如何压缩间接费用开支等。

小案例

某企业甲、乙两种产品的单位成本计划表如表5－1和表5－2所示。

表5－1　甲产品单位成本计划表

甲产品单位成本计划表

计划产量：500　　××年×月

成本项目	计量单价	单价(元)	单位成本	
			消耗定额	金额
直接材料				
A材料	千克	6	4	24
B材料	千克	3	6	18
辅料				1.2
直接人工	工时	2.28	60	136.8
制造费用	工时	0.45	60	27
合计				207

表5－2 乙产品单位成本计划表

乙产品单位成本计划表

计划产量：2 000　　　　××年×月

成本项目	计量单价	单价(元)	单位成本	
			消耗定额	金额
直接材料				
A 材料	千克	8	5	40
B 材料	千克	3	8	24
辅料				2
直接人工	工时	2.28	80	182.4
制造费用	工时	0.45	80	36
合计				284.4

其中，直接材料，可直接取自材料费用预算；直接人工，可根据工资费用预算进行。

工资分配率＝2.28；

甲产品单位产品分配额＝60×2.28＝136.8(元)；

乙产品单位产品分配额＝80×2.28＝182.4(元)。

制造费用，可根据制造费用预算进行：

甲产品单位产品制造费用＝60×0.45＝27(元)；

乙产品单位产品制造费用＝80×0.45＝36(元)。

如何进行成本控制

成本控制，是指在企业形成过程中，根据事先制订的成本目标，按照一定的原则，对实际发生的各项成本和费用进行计量、监督、指导和调节，以保证原定目标得以实现的管理活动。

狭义的成本控制仅指生产过程中产品成本的控制，即在产品成本形成过程中按照现定的成本目标，将实际成本与计划成本进行比较，及时揭示差异，并采取有效措施，纠正不利差异，发展有利差异，使产品实际成本控制在预定的目标范围之内。广义的成本控制，囊括全部成本管理系统的职能，包括成本预测、成本决策、成本计划、成本核算、成本日常控制、成本分析与考核等几个环节。这里我们主要介绍狭义的成本控制。

成本控制包括产品成本形成的全过程，分为两部分内容：投产前的成本控制和投产后的成本控制。

前者分为目标成本控制和设计成本控制，在生产前对成本进行预测和计划；而后者分为生产成本控制、销售成本控制和使用成本控制等，对直接人工、直接材料、销售费用进行严格的控制，计算差异，发现和解决问题。

成本费用的日常控制按产品形成过程可分为产品设计开发成本控制；材料采购成本、储存成本的控制；产品销售费用、储存成本的控制和其他管理部门的费用控制。如：管理费用、财务费用等。日常成本控制的主要内容如图 5－1 所示。

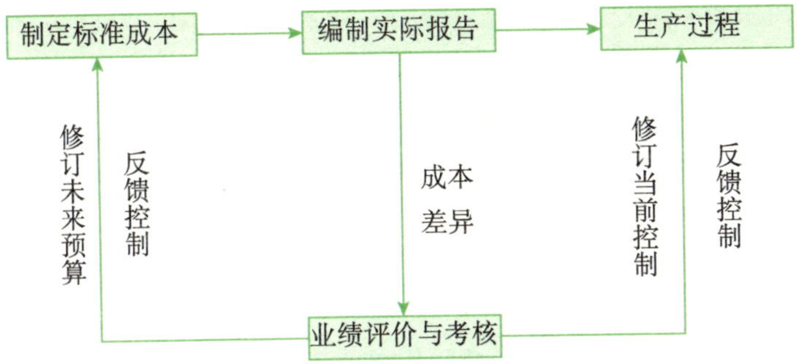

图 5－1 日常成本控制的流程

一、标准成本的制定

标准成本是指以一定的产品生产技术和经营管理水平及生产经营条件为基础，经过认真仔细的调查、分析和技术测定，采用科学的方法制定的生产产品所应当发生的预计成本。

标准成本的制定通常按成本项目进行，即首先确定直接材料标准成本、直接人工标准成本和制造费用标准成本，然后汇总形成单位产品的标准成本。标准成本由价格标准和数量标准构成，基本关系是：

标准成本＝价格标准×数量标准

直接材料标准成本＝直接材料价格标准×直接材料数量标准

直接材料价格标准是指下一个会计年度实际需要支付的进料单位成本；数量标准是指在现在技术、管理条件下，生产单位产品所需要的材料数量。

直接人工标准成本＝直接人工价格标准×直接人工数量标准

直接人工价格标准是指工资率标准，即每一工时的工资数额，根据过去期间各类工人的工资率及将来工资率变动趋势来制定；数量标准是指工作时间标准，即为人工效率，指生产每单位产品的工作时间。

制造费用标准成本包括间接材料、间接人工、其他间接费用等，需要将其细分为变动制造费用和固定制造费用，分别制定出变动制造费用标准成本和固定制造费用标准成本。

变动制造费用的价格标准是指每一工时变动制造费用的分配率，由变动制造费用预算总额和直接人工标准总工时计算出来，即：

变动制造费用的分配率＝变动制造费用预算总额/直接人工标准总工时

变动制造费用的数量标准采用单位产品直接人工工时标准，也可以采用机器工时或其他数量标准。

固定制造费用价格标准是指每小时固定制造费用的分配率，由固定制造费用预算总额和生产能量标准工时计算得出，即：

固定制造费用的分配率＝固定制造费用预算总额/生产能量标准工时

固定制造费用数量标准与变动制造费用数量标准相同，包括直接人工工时、机器工时、其他数量标准等。

二、标准成本差异分析

成本差异是指产品的实际成本与标准成本之间的差额，包括以下两类：

实际成本＞标准成本：产生不利差异，也称超支或逆差，用正数表示。

实际成本＜标准成本：产生有利差异，也称节约或顺差，用负数表示。

根据成本项目的不同，可将成本差异分为：

(1)直接材料成本差异；

(2)直接人工成本差异；

(3)制造费用差异。

根据成本高低原因的不同，可将成本差异分为：

(1)价格差异；

(2)数量差异。

通过计算成本差异，分析差异形成的原因和责任，采取措施，发展有利差异，消除不利差异，对成本实施有效的控制，可以有效地促进成本的降低。

如何编制成本报表

为了保守秘密，成本报表被认为是企业自己用的报表，但在我国国有企业中，成本报表也需要向上级主管部门披露。编制成本报表，是想让企业领导者和职工了解日常成本费用计划预算执行的情况，以便调动大家的积极性，控制费用的发生，提高经济效益。

成本报表为企业内部管理需要的报表，是根据日常成本核算资料及其他有关资料定期或不定期编制的，用以反映企业产品成本水平、构成及其升降变动情况，考核和分析企业在一定时期内成本计划执行情况及其结果的报告文件。正确及时地编制成本报表是成本会计的一项重要内容。

通过阅读成本报表，使用者可以做到：

（1）掌握报告期内企业产品生产耗费和成本水平。

（2）掌握各成本中心的成本管理业绩，评价和考核企业成本计划的完成情况。

（3）据以制定和及时修订成本计划、确定产品价格，为企业进行成本利润的预测、决策提供信息。

（4）据以展开成本分析，有利于日常成本控制，同时为例外事项管理提供必要的信息。

一、成本报表的编制要求

1. 数字准确

报表的指标必须如实地反映企业成本工作的实际情况，不得以估计数字、计划数字、定额数字代替实际数字，更不允许弄虚作假，篡改数字。

2. 内容完整

编制的成本报表的种类必须齐全，应填列的报告指标和文字说明必须全面，表内项目和表外补充资料，不论根据账簿资料直接填列，还是分析计算填列，都应当完整，不得随意取舍。

3. 编制及时

要求按照规定期限报送成本报表，以便有关方面及时利用成本资料信息进行检查、分析等工作。

二、成本报表的编制

企业根据管理的需要可以编制按可比产品和不可比产品分类反映的全部商品产品成本表，也可以编制按成本项目反映的产品生产成本表，还可以编制按成本性态反映的产品生产成本表以及按主要产品和非主要产品反映的全部产品的生产成本报表。

1. 主要产品单位成本报表编制

主要产品是指企业经常生产，在企业全部产品中所占比重较大，能概括反映企业生产经营面貌的那些产品。主要产品单位成本表是反映企业在一定时期内(月份、季度、年度)生产的各种主要产品单位成本的构成和各项主要经济指标执行情况的成本报表。主要产品单位成本报表格式如表 5－3 所示。

表 5－3 主要产品单位成本表

2013 年度　　单位：千元

产品名称	A	本月实际产量	（略）		
规格	HP	本年累计实际产量	168		
计量单位	台	销售单价	10		
成本项目	历史先进水平	上年实际平均单位成本	本年计划单位成本	本月实际单位成本	本年实际平均单位成本
直接材料	4.8	5	5.2		4.9

（续表）

成本项目	历史先进水平	上年实际平均单位成本	本年计划单位成本	本月实际单位成本	本年实际平均单位成本
直接人工	1	2.2	2.1	（略）	1
制造费用	2	2.8	2.7		2.1
产品生产成本	7.8	10	9		8
主要技术经济指标	耗用量	耗用量	耗用量	耗用量	耗用量
1. 原材料 2. 主要材料 3. 燃料 4. 动力	25千克	26千克	28千克	（略）	29千克

表中各项数字的填列方法：

(1)本月及本年累计计划产量应根据生产计划填列；

(2)本月及本年累计实际产量应根据产品成本明细账或产成品成本汇总表填列；

(3)销售单价应根据产品定价表填列。

(4)历史先进水平，应根据历史上该种产品成本最低年度本表的实际平均单位成本填列；

(5)上年实际平均单位成本，应根据上年度主要产品单位成本表累计实际平均单位成本填列；

(6)本年计划单位成本，应根据本年度成本计划填列；

(7)本月实际单位成本，应根据产品成本明细账或产成品成本汇总表填列；

(8)本年累计实际平均单位成本，应根据该种产品成本明细账所记自年初至报告期末完工入库产品实际总成本除以累计实际产量计算填列。

(9)主要技术经济指标，指该种产品主要原材料的耗用量，应根据业务技术核算资料填列。

填列完成后，我们就要对主要产品单位成本进行分析，从而揭示各种产品单位成本及其各个成本项目的变动情况，尤其是各项消耗定额的执行情况；确定产品结构、工艺和操作方法的改变，以及有关技术经济指标变动对产品单位成本的影响，查明产品单位成本升降的具体原因。

2. 制造费用成本报表编制

制造费用明细表是反映工业企业在一定时期内发生的各项制造费用及其构成情况的成本报表。制造费用明细表中的各明细项目，应包括企业各个生产单位为组织和管理生产所发生的各项费用。在制造费用明细账中所归集的费用，如果各生产单位有生产制造外售、自制半成品或有对外提供工业性劳务的，其制造费用必须按一定标准分配一部分费用给外售的产品、半成品、劳务去负担。而企业的自制材料、自制工具、自制设备也同样要按标准分配制造费用的，因此，会出现制造费用明细表上的合计数与产品生产成本表中的“制造费用”项目的数字不相等。制造费用明细表是按制造费用项目设置的，并分栏反映各费用的本年计划数、上年同期实际数及本月实际数、本年累计实际数。其格式如表 5－4 所示。

表 5－4 制造费用明细表

××年×月　　单位：元

项目	本年计划数	上年同期实际数	本月实际数	本年累计实际数
工资	（略，下同）	（略，下同）	（略，下同）	40 255
职工福利费				5 635
折旧费				76 242
修理费				34 240

（续表）

项目	本年计划数	上年同期实际数	本月实际数	本年累计实际数
办公费				8 614
取暖费				11 430
水电费				27 003
机物料消耗				17 920
低值易耗品摊销				6 381
劳动保护费				7 566
租赁费				1 200
运输费				5 238
保险费				34 770
设计制图费				6 887
试验检验费				4 986
在产品盘亏和毁损（减盘盈）				2 573
其他				60
制造费用合计				291 000

表中各项数字的填列要求：

（1）本年计划数应根据成本计划中的制造费用计划填列；

（2）上年同期实际数应根据上年同期制造费用明细表的累计实际数填列；

（3）本月实际数应根据“制造费用”总账科目所属各基本生产车间制造费用明细账的本月合计数汇总计算填列；

（4）本年累计实际数应根据这些车间制造费用明细账的本月末累计数汇总计算填列。

3. 销售费用成本报表编制

产品销售费用明细表中的各明细项目，是用来反映企业在产品销售过程中发生的各项费用的。其格式如表5－5所示。

表5－5 销售费用明细表

××年×月 单位：元

项目	本年计划数	上年同期实际数	本月实际数	本年累计实际数
工资	（略，下同）	（略，下同）	（略，下同）	11 232
职工福利费				1 572
业务费				4 120
运输费				15 480
装卸费				8 360
包装费				14 680
保险费				3 584
展览费				0
广告费				16 480
差旅费				5 120
租赁费				0
低值易耗品摊销				2 160
销售部门办公费				3 184
委托代销手续费				0
销售服务费				0
折旧费				3 662
其他				0
合计				89 634

表中各项数字的填列要求：

（1）本表各项目中的本年计划数，应根据企业本年的财务成本计划资料进行填列；

（2）各项目的上年同期实际数，应根据上年报表资料进行填列；

（3）各项目的本月实际数，应根据“产品销售费用”明细账有关项目的累计数填列。

4. 管理费用成本报表

管理费用明细表中的各明细项目，反映企业除制造费用以外的为组织、管理而发生的各项费用。其格式如表5－6所示。

表5－6 管理费用明细表

××年×月　　　　单位：元

项目	本年计划数	上年同期实际数	本月实际数	本年累计实际数
工资	（略，下同）	（略，下同）	（略，下同）	29 400
职工福利费				4 116
折旧费				10 280
办公费				4 524
差旅费				7 385
运输费				9 763
保险费				7 920
租赁费				8 670
修理费				0
咨询费				0
诉讼费				7 120
排污费				3 245
绿化费				4 180
物料消耗				2 875

（续表）

项目	本年计划数	上年同期实际数	本月实际数	本年累计实际数
低值易耗品摊销				2 400
无形资产摊销				1 880
递延费用摊销				1 600
坏账损失				540
研究开发费				0
技术转让费				7 890
业务招待费				6 940
工会经费				8 200
职工教育经费				0
待业保险费				3 508
劳动保险费				8 912
税金				1 290
材料、产成品盘亏和毁损（减盘盈）				0
其他				0
合计				142 638

按管理费用项目分别反映各项费用的本年计划数、上年同期实际数、本月实际数和本年累计实际数。其中，本年计划数应根据公司（总厂）或企业行政管理部门的管理费用计划填列；上年同期实际数应根据上年同期管理费用明细表的累计实际数填列；本月实际数应根据管理费用明细账的本月合计数填列；本年累计实际数应根据管理费用明细账的本月末的累计数填列。

三、成本报表分析

成本分析是成本核算工作的继续，是成本会计的重要组成部分。

成本分析是指利用成本核算资料及其他有关资料，全面分析成本水平及其构成的变动情况，研究影响成本升降的各个因素及其变动的原因，寻找降低成本的规律和潜力。

成本分析的主要目的，是改进生产经营管理，节约生产耗费，不断降低成本，提高经济效益。因此，成本分析必须适应生产经营管理的需要，不仅要分析实际成本升降的原因，了解成本工作的现状，还要预测未来成本，提出降低成本的目标和途径。

成本分析的内容，包括事前成本分析、事中成本控制分析和事后成本分析。事前成本分析，是指事前预计和测算有关因素对成本的影响程度；事中成本控制分析，指以计划、定额成本为依据，通过分析实际成本与计划成本或定额成本差异，对成本进行分析控制；事后成本分析，是指产品生产过程中发生的实际成本与计划成本的比较，对产生的差异进行分析，找出成本升降的原因。

成本报表分析属于事后分析，它以成本报表所提供的资料为依据，通过分析各项指标的变动以及指标之间的相互关系，评价企业成本计划的完成情况。用于成本报表分析的方法主要有以下几种。

1. 比较分析法

比较分析法是指通过指标对比，来确定数量差异的一种方法。通过对比，揭露矛盾，发现问题，寻找差距，分析原因，为进一步降低成本指明方向。

实际工作中通常有以下几种形式：

(1)实际指标与计划指标对比法。将实际成本与计划成本进行比较，通过对比，说明计划完成的程度，为进一步分析指明方向。

(2)本期实际指标与前期实际指标对比法。反映企业成本动态和变化趋势，有助于吸取历史经验，改进成本工作。

(3)本期实际指标与同行业先进水平对比法。可以反映本企业与国内外先进水平的差距，以便扬长避短，努力挖掘降低成本的潜力，不断提高企业的经济效益。

采用指标对比法时，应注意对比指标的可比性，即对比指标采用的计量单位、计价标准、时间单位、指标内容和前后采用的计算方法等都应具有可比的基础和条件。

2. 比率分析法

比率分析法是指对比经济比率的一种方法。首先把对比的数值变成相对数，求出比率，然后再进行对比分析。

例如构成比率分析方法，构成比率是指某项经济指标的各个组成部分占总体的比重。

将构成产品成本的各个成本项目同产品成本总额相比，计算其占成本的比重，确定成本的构成比率；然后将不同时期的成本构成比率相比较，通过观察产品成本构成的变动，掌握经济活动情况，了解企业改进生产技术和经营管理对产品成本的影响。如：

$$\text{原材料费用比率} = \frac{\text{原材料费用}}{\text{产品成本}} \times 100\%$$

$$\text{工资费用比率} = \frac{\text{工资及福利费}}{\text{产品成本}} \times 100\%$$

$$\text{制造费用比率} = \frac{\text{制造费用}}{\text{产品成本}} \times 100\%$$

比率分析法也是经济分析中广泛应用的一种分析方法。

3. 差额计算法

差额计算法是指先确定各因素实际数与计划数之间的差异，然后按照各因素的排列顺序，依次求出各因素变动的影响程度。

小案例

某企业产量计划等指标如下：

指标	单位	计划数	实际数	差异
产品产量	件	20	21	1
单位产品材料消耗量	千克	18	17	-1
材料单价	元	10	12	2
材料费用总额	元	3 600	4 284	684

以差额计算法测定各因素影响程度如下：

总差额：684 元。

其中，产量变动影响 $=1\times18\times10=180$（元）；

单位产品材料消耗量变动影响 $=21\times(-1)\times10=-210$（元）；

材料单价变动影响 $=21\times17\times2=714$（元）。

差额计算法由于计算简便，所以应用比较广泛，特别是在影响因素只有两个时更为适用。

4. 因素分析法

因素分析法是将某一综合指标分解为若干个相互联系的因素，并分别计算、分析每个因素影响程度的一种方法。

首先确定分析指标由几个因素组成，然后确定各个因素与指标的关系，再采用适当方法，把指标分解成各个因素，最后确定每个因素对指标变动的影响方向与程度。

假设成本指标 N 是由 A、B、C 三因素乘积所组成，其计划成本指标与实际成本指标分别列示如下：

计划成本指标 $N_1=A_1\times B_1\times C_1$

实际成本指标 $N_2=A_2\times B_2\times C_2$

差异额 $G=N_2-N_1$

计算程序是：计划成本指标 $A_1\times B_1\times C_1=N_1$

第一次替换 $A_2\times B_1\times C_1=N_3$，$N_3-N_1=$ A 变动的影响；

第二次替换 $A_2\times B_2\times C_1=N_4$，$N_4-N_3=$ B 变动的影响；

第三次替换 $A_2 \times B_2 \times C_2 = N_2$，$N_2 - N_4 = C$ 变动的影响。

以上三个因素变动影响的总和为：

$(N_3 - N_1) + (N_4 - N_3) + (N_2 - N_4) = N_2 - N_1 = G$

因素分析法确定了各个因素对成本升降的影响程度，并可以确定各个因素所占差异的比重程度，为制订降低成本方案提出可靠的依据。

总之，本节给出了几种数量分析方法，在实际应用中，还可以根据分析的目的和要求，采用分组法、指数法、图表法等其他数量分析方法。

成本会计有技巧

会计人员最困惑的是成本核算，成本核算真的那么神秘吗？如何才能做好成本核算、分析？成本会计是会计的各个岗位中要求最灵活的，因为根据企业业务、选用系统和个人经验的不同，具体业务处理起来可选的方法很多，操作起来很灵活，成本会计有很多方法可以学习的，在日常工作中，掌握这些方法，不仅可以让你的工作效率提高，还会让你觉得成本会计本身是一件很有意思的工作，不会再觉得那么枯燥、繁琐，本章我们就来学习做好成本会计的技巧。

在这一章，你将会知道

◇ 掌握成本会计需要具备哪些能力？

◇ 成本会计的禁忌。

掌握成本会计技能

要成为一个好的成本会计，需要花大力气去了解过程、跟踪过程：全盘业务中凡是涉及成本费用的，我们都需要去熟悉，很多概念需要我们去了解；熟悉业务和规范业务后，我们需要跟踪业务部门执行的情况，适当做检查、监督。总体来说，要成为一个合格的成本会计需要做好以下几点。

一、业务方面

要教会一个生产厂长做成本，一天时间就可以；而要教会一个会计做成本，可能需要一周的时间。熟悉工厂的管理、熟悉产品、熟悉工艺、熟悉费用构成、了解成本习性，这些是厂长的优势，会计大多对成本核算的计算比较了解，但对工厂业务和内部控制甚至流程都不是非常了解。成本会计需要了解全盘业务，学会把业务用规范、系统的单据来记载，这样做之后的核算就可以轻而易举完成了。成本只是一个业务反映的结果，我们需要花大力气去了解过程、跟踪过程，我们需要先了解一个工厂的业务，特别是研发、采购、仓储、生产、费用、销售相关业务，从厂长、财务经理的视角出发，高屋建瓴才能保证有管理者的思维去思考问题，然后再考虑如何将实际业务转换为数据的过程，最后的数据加工——归集、分摊、结转，将数据转换为会计语言，最终的成本核算就是水到渠成的事情了。

二、专业方面

成本会计所要进行相关的业务规范，并不需要对整个公司的内部管理和控制进行翻天覆地的改变，企业管理的规范与否虽然影响成本会计的业务规范，但并不会妨碍一个好方案的最终实施。所以很多成本会计总是抱怨内部管理不够好，指责相关业务部门不够配合，而有时问题往往出现在成本会计自己身上——不够专业，不能拿出整套可实施的方案，缺乏与其他部门沟通的技巧和能力。

有些人认为成本会计人微言轻，权力太小，无法让其他部门来配合。成本会计如果在过程中充当非常正确的角色：结合公司的业务情况，提出整套能让各个业务部门受益的方案并说服他们实施，同时，将日常业务中用到的作业指导书、操作手册、管理制度等以书面文件的形式下发，那么在企业内部管理规范前把与成本相关的业务规范起来并不是一句空话。对此成本会计要做到以下几点：

(1)打铁还需自身硬；

(2)两个耳朵一张嘴；

(3)把其他部门的事情当己事；

(4)把“要求”转化到“帮助”中；

(5)每个部门都要攻下业务“制高点”；

(6)组成业务链上的“关系网”。

三、财务软件

为了使会计从繁重的库存单据管理、统计中解放出来，开始出现了库存管理系统软件，但起初这种软件很少考虑账务处理和核算的需要，它与总账模块是分开的，早期的用友软件中存货、成本、总账都是独立模块；为了简化总账系统凭证的处理，开始出现了库存、成本、销售、总账集成的财务软件，到后来资产管理、薪酬体系也都纳入了系统管理。现在的软件系统已不只是财务软件，而是整个企业的资源管理系统。

财务软件对一些业务进行了规范化的设置，这些固化的模式让我们在以后的业务操作中受益；另外，负责软件实施的顾问公司在实施时，会将其他公司的好方法介绍给用户。我们通过软件的实施，无形中学会了其他企业的先进操作方式和经验。

成本会计的禁忌

一、不能正确理解成本的经济实质和成本会计核算

会计核算是对生产经营管理费用的发生和产品成本的形成所进行的核算。进行成本核算，首先要审核生产经营管理费用，看其是否发生、是否应当发生、已经发生的是否应当计入产品成本，实现对生产经营管理费用和产品成本直接的管理和控制。其次，对已发生的费用按照用途进行分配和归集，计算各种产品的总成本和单位成本，为成本管理提供真实的成本资料，而不能片面强调成本核算职能，片面强调成本核算职能会使成本核算工作过度复杂化。

二、不能正确理解成本分析内容、原则

企业在进行成本核算时，往往会夸大成本分析职能，应对成本分析职能有正确的理解。成本分析是利用成本核算及其他有关资料，分析成本水平与构成变动情况，研究影响成本升降的各种因素及其变动原因，寻找降低成本的途径的分析方法。成本分析是成本管理的重要组成部分，其作用是正确评价企业成本计划的执行结果，提示成本升降变动的原因，为编制成本计划和制定经营决策提供重要依据。

三、成本会计的机构设置、人员配备不合理

会计机构和会计人员是会计工作系统运行的必要条件，而会计法规是保证会计工作系统正常运行的必要约束机制。如果失去成本

会计工作组织，成本会计核算工作将很难进行。而成本会计工作组织不当将使成本会计工作出现遗漏和混乱。因此，为发挥成本会计的职能作用，完成成本会计任务，必须科学地组织成本会计工作，具体包括三个方面：设置成本会计机构、配备成本会计人员、建立企业内部成本会计制度。

四、错误理解直接成本与间接成本

将成本分为直接计入成本和间接计入成本，并选择合理的分配标准对间接计入成本进行分配，对正确计算产品成本具有重要意义。凡是能够直接计入产品成本的费用，都应尽量直接计入产品成本。间接计入成本的分配标准应与被分配费用的发生具有密切关系，否则将影响间接计入成本分配的合理性，影响产品成本计算的正确性。直接生产成本是与产品生产工艺直接有关的成本，如原料、主要材料、外购半成品、生产工人工资等。间接生产成本是与产品生产工艺没有直接关系的成本，如机物料消耗、辅助工人和车间管理人员工资等。将成本分为直接生产成本与间接生产成本，便于采取不同的方法来降低产品成本。

直接生产成本不一定都是直接计入成本，例如生产联产品的企业，所有成本都是间接计入成本。间接生产成本不一定都是间接计入成本，例如只生产一种产品的企业或车间，所有成本都是直接计入成本。

五、不能正确理解成本报表编制、分析

成本报表是根据产品成本和期间费用的核算资料以及其他有关资料编制的，用来反映企业一定时期产品成本和期间费用水平及其构成情况的报告文件。对成本报表进行分析的方法很多，主要有对比分析法、比率分析法、差额计算分析法等。成

本报表一般根据企业的生产特点与管理需要自行设置，并可随情况的变化对报表的种类、格式进行调整。成本报表属于内部报表，一般包括产品生产成本表、主要产品单位成本表、制造费用明细表等。